# Przepisy na te seitan na kazdy posiłek

100 sycących przepisów pełnych białka
dla pełnej smaku kuchni wegańskiej

**Oliwier Borowski**

# Podsumowanie

# WSTĘP

Jeśli chcesz wymieszać swoje źródła białka z roślinnymi potęgami, nie szukaj dalej niż Tofu jako łatwa do ugotowania opcja wegańska lub wegetariańska. Tofu jest elastyczne pod względem gotowania. Dzieje się tak, ponieważ występuje w różnych teksturach (w zależności od tego, ile wody zostanie wyciśnięte) i jest dość mdłe. Ponieważ jest stosunkowo bez smaku, dobrze łączy się z innymi smakami, nie konkurując z nimi.

Tofu, znane również jako twaróg sojowy, to żywność przygotowywana przez koagulację mleka sojowego, a następnie prasowanie powstałego twarogu w stałe białe bloki o różnej miękkości; może być jedwabiste, miękkie, twarde, bardzo twarde lub super twarde. Poza tymi szerokimi kategoriami istnieje wiele odmian tofu. Ma subtelny smak, więc można go używać w daniach wytrawnych i słodkich. Często jest doprawiane lub marynowane, aby pasowało do dania i jego smaków, a ze względu na swoją gąbczastą konsystencję dobrze wchłania smaki.

Jeśli nigdy wcześniej z nim nie pracowałeś, gotowanie tofu może być onieśmielające. Ale gdy już trochę się o nim dowiesz, przygotowanie dobrego tofu nie mogłoby być łatwiejsze! Poniżej znajdziesz najsmaczniejsze i najłatwiejsze przepisy, dzięki którym będziesz gotować jak profesjonalista!

**Proste wskazówki dotyczące gotowania tofu:**

- Upewnij się, że wybierzesz odpowiednią konsystencję. W sklepach spożywczych waha się od jedwabistej do twardej i bardzo twardej. Miękkie jedwabiste tofu byłoby moim wyborem do miksowania w deserach lub krojenia w zupie miso, ale jeśli podajesz je jako danie główne lub polewasz nim miski, potrzebujesz tofu bardzo twardego. Ma bardziej treściwą, gęstszą konsystencję i mniejszą zawartość wody niż inne rodzaje tofu. Uwaga: Wolę kupować organiczne tofu wyprodukowane bez genetycznie modyfikowanej soi.

- Naciśnij. Tofu zawiera dużo wody i będziesz chciał wycisnąć większość z niej, szczególnie jeśli pieczesz, grillujesz lub smażysz. Prasy do tofu są dostępne w sklepach, ale posiadanie jednej nie jest konieczne. Możesz użyć stosu książek lub po prostu zrobić to, co ja, i lekko docisnąć je rękoma w ręcznik kuchenny lub ręczniki papierowe. (Upewnij się tylko, że nie naciskasz zbyt mocno, bo się rozpadnie!)

- Dopraw. To. Do. Góry. Jest powód, dla którego tofu jest krytykowane za to, że jest mdłe, i to dlatego, że takie jest! Upewnij się, że dobrze je przyprawisz. Możesz je zamarynować lub przygotować, korzystając z przepisu na chrupiące pieczone tofu.

# 1. Twaróg fasolowy z sosem ostrygowym

- 8 uncji tofu fasolowego
- 4 uncje świeżych pieczarek 6 zielonych cebulek
- 3 łodygi selera
- papryka czerwona lub zielona
- łyżki oleju roślinnego 1/2 szklanki wody
- łyżka mąki kukurydzianej
- łyżki sosu ostrygowego 4 łyżeczki wytrawnego sherry
- 4 łyżeczki sosu sojowego

Pokrój tofu w kostki o wymiarach 1/2 cala. Oczyść pieczarki i pokrój w plasterki. Pokrój cebulę w kawałki o wymiarach 1 cala. Pokrój seler w ukośne plasterki o wymiarach 1/2 cala. Usuń pestki z papryki i pokrój paprykę w kawałki o wymiarach 1/2 cala.

Rozgrzej 1 łyżkę oleju w woku na wysokim ogniu. Smaż twaróg fasolowy w oleju, delikatnie mieszając, aż do uzyskania jasnobrązowego koloru, 3 minuty. Wyjmij z patelni.

Rozgrzej pozostałą 1 łyżkę oleju w woku na wysokim ogniu. Dodaj pieczarki, cebulę, seler i paprykę, smaż przez 1 minutę.

Wróć do woka z tofu fasolowym. Lekko wymieszaj, aby połączyć. Wymieszaj wodę, skrobię kukurydzianą, sos ostrygowy, sherry i sos sojowy. Wlej mieszankę do woka. Gotuj i

mieszać, aż płyn się zagotuje. Gotować i mieszać jeszcze przez 1 minutę.

## 2. Głęboko smażone tofu

- 1 kostka twardego tofu
- ¼ szklanki mąki kukurydzianej
- 4–5 szklanek oleju do głębokiego smażenia

Odcedź tofu i pokrój w kostkę. Obtocz w mące kukurydzianej.

Dodaj olej do rozgrzanego woka i rozgrzej do 350°F. Gdy olej będzie gorący, dodaj kwadraty tofu i smaż na głębokim tłuszczu, aż nabiorą złotego koloru. Odsącz na papierowych ręcznikach.

**Wydajność: 2¾ filiżanek**
Ten smaczny i odżywczy shake jest idealny na śniadanie lub popołudniową przekąskę. Aby uzyskać dodatkowy smak, dodaj sezonowe jagody.

## 3. Fermentowany tofu ze szpinakiem

- 5 filiżanek liści szpinaku
- 4 kostki sfermentowanego tofu z papryczkami chili
- Szczypta przyprawy pięciu smaków (mniej niż ⅛ łyżeczka)
- 2 łyżki oleju do smażenia
- 2 ząbki czosnku, drobno posiekane

Zblanszować szpinak, zanurzając liście na krótko we wrzącej wodzie. Dokładnie odcedzić.

Rozgnieć sfermentowane kostki tofu i wymieszaj z przyprawą pięciu smaków.

Dodaj olej do rozgrzanego woka lub patelni. Gdy olej będzie gorący, dodaj czosnek i smaż krótko, aż będzie aromatyczny. Dodaj szpinak i smaż przez 1–2 minuty. Dodaj puree z tofu fasolowego do środka woka i wymieszaj ze szpinakiem. Gotuj i podawaj na gorąco.

## 4. Duszone Tofu

- 1 funt wołowiny
- 4 suszone grzyby
- 8 uncji tofu prasowanego
- 1 szklanka jasnego sosu sojowego
- ¼ szklanki ciemnego sosu sojowego
- ¼ szklanki chińskiego wina ryżowego lub wytrawnego sherry
- 2 łyżki oleju do smażenia
- 2 plasterki imbiru
- 2 ząbki czosnku, drobno posiekane
- 2 szklanki wody
- 1 anyż gwiazdkowy

Pokrój wołowinę w cienkie plasterki. Namocz suszone grzyby w gorącej wodzie przez co najmniej 20 minut, aby zmiękły. Delikatnie odciśnij, aby usunąć nadmiar wody i pokrój.

Pokrój tofu w kostki o wymiarach ½ cala. Wymieszaj jasny sos sojowy, ciemny sos sojowy, wino ryżowe Konjac, białe i brązowe i odstaw.

Dodaj olej do rozgrzanego woka lub patelni. Gdy olej będzie gorący, dodaj plasterki imbiru i czosnek i smaż krótko, aż będą aromatyczne. Dodaj wołowinę i smaż, aż się zrumieni. Zanim wołowina się ugotuje, dodaj kostki tofu i smaż krótko.

Dodaj sos i 2 szklanki wody. Dodaj anyż gwiazdkowy. Doprowadź do wrzenia, a następnie zmniejsz ogień i gotuj na wolnym ogniu. Po 1 godzinie dodaj suszone grzyby. Gotuj na wolnym ogniu przez kolejne 30 minut lub do momentu, aż płyn się zredukuje. Jeśli chcesz, usuń anyż gwiazdkowy przed podaniem.

## 5. Chińskie makarony w sosie orzechowo-sezamowym

- 1 funt makaronu w stylu chińskim
- 2 łyżki ciemnego oleju sezamowego

**OPATRUNEK:**

- 6 łyżek masła orzechowego 1/4 szklanki wody
- 3 łyżki jasnego sosu sojowego 6 łyżek ciemnego sosu sojowego
- 6 łyżek tahini (pasty sezamowej)
- 1/2 szklanki ciemnego oleju sezamowego 2 łyżki sherry
- 4 łyżeczki octu ryżowego 1/4 szklanki miodu
- 4 średnie ząbki czosnku, drobno posiekane
- 2 łyżeczki świeżego, posiekanego imbiru
- 2-3 łyżki oleju z ostrej papryki (lub ilość według własnego uznania) 1/2 szklanki gorącej wody

Wymieszaj płatki ostrej czerwonej papryki i olej w rondlu na średnim ogniu. Doprowadź do wrzenia i natychmiast wyłącz ogień. Pozostaw do ostygnięcia. Odcedź w małym szklanym pojemniku, który można zamknąć. Schłodź.

**GARNIRUNEK:**

- 1 marchewka obrana
- 1/2 twardego, średniego ogórka, obranego, bez pestek i pokrojonego w paski 1/2 szklanki prażonych orzeszków ziemnych, grubo posiekanych
- 2 zielone cebulki, pokrojone w cienkie plasterki

Ugotuj makaron w dużym garnku z wrzącą wodą na średnim ogniu. Gotuj, aż będzie prawie miękki i nadal jędrny. Natychmiast odcedź i opłucz zimną wodą, aż będzie zimny. Dobrze odcedź i wymieszaj makaron z (2 łyżkami) ciemnego oleju sezamowego, aby się nie sklejał.

DO DRESSINGU: wszystkie składniki oprócz gorącej wody zmiksuj w blenderze do uzyskania gładkiej konsystencji. Rozcieńcz gorącą wodą do konsystencji bitej śmietany.

Do dekoracji obierz miąższ marchewki w krótkie wiórki o długości około 4 cali. Umieść w lodowatej wodzie na 30 minut, aby się zwinął. Tuż przed podaniem polej makaron sosem. Udekoruj ogórkiem, orzeszkami ziemnymi, zieloną cebulką i zwiniętymi marchewkami. Podawaj na zimno lub w temperaturze pokojowej.

## 6. Makaron mandaryński

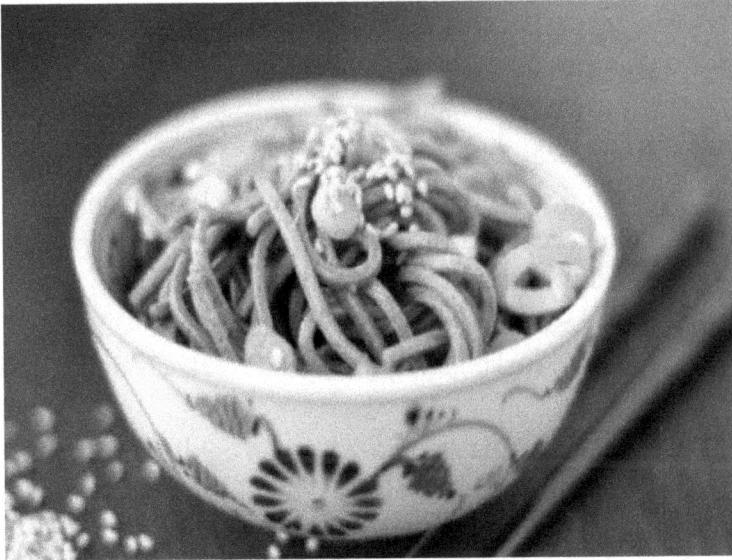

- suszone grzyby chińskie
- 1/2 funta świeżego chińskiego makaronu 1/4 szklanki oleju arachidowego
- łyżka sosu hoisin 1 łyżka sosu fasolowego
- łyżki wina ryżowego lub wytrawnego sherry 3 łyżki jasnego sosu sojowego
- lub miód
- 1/2 szklanki odłożonego płynu z moczenia grzybów 1 łyżeczka pasty chili
- 1 łyżka mąki kukurydzianej
- 1/2 czerwonej papryki – pokrojonej w kostkę o wymiarach 1/2 cala
- 1/2 puszki (8 uncji) całych pędów bambusa, pokrojonych w kostkę o wymiarach 1/2 na 1/2, wypłukanych i odsączonych 2 szklanki kiełków fasoli
- szczypiorek – pokrojony w cienkie plasterki

Namocz grzyby chińskie w 1 1/4 szklanki gorącej wody przez 30 minut. Podczas gdy się moczą, zagotuj 4 kwarty wody i gotuj makaron przez 3 minuty. Odcedź i wymieszaj z 1 łyżką oleju arachidowego; odstaw.

Wyjmij grzyby; odcedź i zachowaj 1/2 szklanki płynu do moczenia na sos. Wyczyść i usuń trzony grzybów; kapelusze grubo posiekaj i odłóż na bok.

Wymieszaj składniki sosu w małej misce; odstaw. Rozpuść mąkę kukurydzianą w 2 łyżkach zimnej wody; odstaw.

Postaw wok na średnio-wysokim ogniu. Gdy zacznie dymić, dodaj pozostałe 3 łyżki oleju arachidowego, a następnie grzyby, czerwoną paprykę, pędy bambusa i kiełki fasoli. Smaż przez 2 minuty.

Wymieszaj sos, dodaj go do woka i smaż dalej, aż mieszanka zacznie wrzeć, około 30 sekund.

Wymieszaj rozpuszczoną skrobię kukurydzianą i dodaj ją do woka. Mieszaj dalej, aż sos zgęstnieje, około 1 minuty. Dodaj makaron i mieszaj, aż się podgrzeje, około 2 minut.

Przenieś na półmisek i posyp pokrojonym szczypiorkiem. Podawaj natychmiast

## 7. Twaróg fasolowy z sosem fasolowym i makaronem

- 8 uncji świeżego makaronu po pekińsku
- 1 kostka twardego tofu (12 uncji)
- 3 duże łodygi pak choi i 2 zielone cebulki
- ⅓filiżanka ciemnego sosu sojowego
- 2 łyżki sosu z czarnej fasoli
- 2 łyżeczki chińskiego wina ryżowego lub wytrawnego sherry
- 2 łyżeczki czarnego octu ryżowego
- ¼ łyżeczki soli
- ¼ łyżeczki pasty chili z czosnkiem
- 1 łyżeczka oleju Hot Chili (strona 23)
- ¼ łyżeczki oleju sezamowego

- ½ szklanki wody
- 2 łyżki oleju do smażenia
- 2 plasterki imbiru, posiekane
- 2 ząbki czosnku, drobno posiekane
- ¼ czerwonej cebuli, posiekanej

Ugotuj makaron we wrzącej wodzie, aż będzie miękki. Dokładnie odcedź. Odcedź tofu i pokrój w kostkę. Podgotuj bok choy, zanurzając go na krótko we wrzącej wodzie i dokładnie odcedzając. Oddziel łodygi i liście. Pokrój zieloną cebulę po przekątnej na plasterki o grubości 2,5 cm. Połącz ciemny sos sojowy, sos z czarnej fasoli, wino ryżowe Konjac, ocet z czarnego ryżu, sól, pastę chili z czosnkiem, olej Hot Chili, olej sezamowy i wodę. Odstaw.

Dodaj olej do rozgrzanego woka lub patelni. Gdy olej będzie gorący, dodaj imbir, czosnek i zieloną cebulę. Smaż krótko, aż będzie aromatyczny. Dodaj czerwoną cebulę i smaż krótko. Przesuń na boki i dodaj łodygi pak choi. Dodaj liście i smaż, aż pak choi będzie jasnozielony, a cebula miękka. Jeśli chcesz, dopraw ¼ łyżeczki soli

Dodaj sos do środka woka i doprowadź do wrzenia. Dodaj tofu. Gotuj na wolnym ogniu przez kilka minut, aby tofu wchłonęło sos. Dodaj makaron. Wymieszaj wszystko i podawaj na gorąco.

## 8. Tofu faszerowane krewetkami

- ½ funta twardego tofu
- 2 uncje ugotowanych krewetek, obranych i pozbawionych żyłek
- ⅛ łyżeczka soli
- Pieprz do smaku
- ¼ łyżeczki mąki kukurydzianej
- ½ szklanki bulionu z kurczaka
- ½ łyżeczki chińskiego wina ryżowego lub wytrawnego sherry
- ¼ szklanki wody
- 2 łyżki sosu ostrygowego
- 2 łyżki oleju do smażenia
- 1 zielona cebula, pokrojona na kawałki o długości 2,5 cm

Odcedź tofu. Umyj krewetki i osusz je papierowymi ręcznikami. Zamarynuj krewetki w soli, pieprzu i mące kukurydzianej przez 15 minut.

Trzymając tasak równolegle do deski do krojenia, przekrój tofu na pół wzdłuż. Przekrój każdą połówkę na 2 trójkąty, a następnie każdy trójkąt na 2 kolejne trójkąty. Teraz powinieneś mieć 8 trójkątów.

Natnij wzdłuż jedną stronę tofu. Włóż ¼–½ łyżeczki krewetek do nacięcia.

Dodaj olej do rozgrzanego woka lub patelni. Gdy olej będzie gorący, dodaj tofu. Podsmaż tofu przez około 3– 4 minuty, obracając je przynajmniej raz i upewniając się, że nie przywiera do dna woka. Jeśli masz resztki krewetek, dodaj je w ostatniej minucie gotowania.

Dodaj bulion z kurczaka, wino ryżowe Konjac, wodę i sos ostrygowy do środka woka. Doprowadź do wrzenia. Zmniejsz ogień, przykryj i gotuj na wolnym ogniu przez 5–6 minut. Dodaj zieloną cebulę. Podawaj na gorąco.

## 9. Twaróg fasolowy z warzywami syczuańskimi

- 7 uncji (2 bloki) prasowanego tofu
- ¼ szklanki konserwowanych warzyw syczuańskich
- ½ szklanki bulionu z kurczaka lub rosołu
- 1 łyżeczka chińskiego wina ryżowego lub wytrawnego sherry
- ½ łyżeczki sosu sojowego
- 4–5 szklanek oleju do smażenia

  Rozgrzej co najmniej 4 szklanki oleju w rozgrzanym woku do 350°F. Podczas oczekiwania na rozgrzanie oleju pokrój prasowany tofu w kostki o wymiarach 1 cala. Pokrój warzywa syczuańskie w kostki. Wymieszaj bulion z kurczaka z winem ryżowym i odstaw.

  Gdy olej będzie gorący, dodaj kostki tofu i smaż na głębokim tłuszczu, aż staną się jasnobrązowe. Wyjmij z woka łyżką cedzakową i odstaw.

Usuń cały olej z woka oprócz 2 łyżek. Dodaj
konserwowane warzywa syczuańskie. Smaż przez 1–2
minuty, a następnie przesuń na bok woka. Dodaj
mieszankę bulionu z kurczaka do środka woka i
doprowadź do wrzenia. Wymieszaj z sosem sojowym.
Dodaj prasowany tofu. Wymieszaj wszystko razem,
gotuj na wolnym ogniu przez kilka minut i podawaj na
gorąco.

## 10. Duszone Tofu z Trzema Warzywami

- 4 suszone grzyby
- ¼ szklanki odłożonego płynu z moczenia grzybów
- ⅔filiżanka świeżych grzybów
- ½ szklanki bulionu z kurczaka
- 1½ łyżki sosu ostrygowego
- 1 łyżeczka chińskiego wina ryżowego lub wytrawnego sherry
- 2 łyżki oleju do smażenia
- 1 ząbek czosnku, drobno posiekany
- 1 szklanka młodej marchewki, przekrojonej na pół

- 2 łyżeczki mąki kukurydzianej wymieszane z 4 łyżeczkami wody
- ¾ funta prasowanego tofu, pokrojonego w kostki o wymiarach ½ cala

Namocz suszone grzyby w gorącej wodzie przez co najmniej 20 minut. Odłóż ¼ szklanki płynu do moczenia. Pokrój suszone i świeże grzyby.

Połącz odłożony płyn z grzybów, bulion z kurczaka, sos ostrygowy i wino ryżowe Konjac. Odstaw.

Dodaj olej do rozgrzanego woka lub patelni. Gdy olej będzie gorący, dodaj czosnek i smaż krótko, aż będzie aromatyczny. Dodaj marchewki. Smaż przez 1 minutę, następnie dodaj grzyby i smaż.

Dodaj sos i doprowadź do wrzenia. Wymieszaj mieszankę mąki kukurydzianej i wody i dodaj do sosu, szybko mieszając, aby zgęstniał.

Dodaj kostki tofu. Wymieszaj wszystko razem, zmniejsz ogień i gotuj na wolnym ogniu przez 5–6 minut. Podawaj na gorąco.

## 11. Trójkąty z tofu nadziewane wieprzowiną

- ½ funta twardego tofu
- ¼ funta mielonej wieprzowiny
- ⅛ łyżeczka soli
- Pieprz do smaku
- ½ łyżeczki chińskiego wina ryżowego lub wytrawnego sherry
- ½ szklanki bulionu z kurczaka

- ¼ szklanki wody
- 2 łyżki sosu ostrygowego
- 2 łyżki oleju do smażenia
- 1 zielona cebula, pokrojona na kawałki o długości 2,5 cm

Odcedź tofu. Umieść mieloną wieprzowinę w średniej misce. Dodaj sól, pieprz i wino ryżowe Konjac. Marynuj wieprzowinę przez 15 minut.

Trzymając tasak równolegle do deski do krojenia, przekrój tofu na pół wzdłuż. Przekrój każdą połówkę na 2 trójkąty, a następnie każdy trójkąt na 2 kolejne trójkąty. Teraz powinieneś mieć 8 trójkątów.

Natnij wzdłuż jednego z brzegów każdego trójkąta tofu. Włóż do nacięcia czubatą ¼ łyżeczki mielonej wieprzowiny.

Dodaj olej do rozgrzanego woka lub patelni. Gdy olej będzie gorący, dodaj tofu. Jeśli masz resztki mielonej wieprzowiny, dodaj ją również. Podsmaż tofu przez około 3–4 minuty, obracając je przynajmniej raz i upewniając się, że nie przywiera do dna woka.

Dodaj bulion z kurczaka, wodę i sos ostrygowy do środka woka. Doprowadź do wrzenia. Zmniejsz ogień, przykryj i gotuj na wolnym ogniu przez 5–6 minut. Dodaj zieloną cebulę. Podawaj na gorąco.

## 12. Naleśniki żurawinowe z syropem

**Wystarczy na 4–6 porcji**

1 szklanka wrzącej wody
$^1/_2$ szklanki słodzonych suszonych żurawin
$^1/_2$ szklanki syropu klonowego
$^1/_4$ szklanki świeżego soku pomarańczowego
$^1/_4$ szklanki posiekanej pomarańczy
1 łyżka wegańskiej margaryny
1 $^1/_2$ szklanki mąki uniwersalnej
1 łyżka cukru

1 łyżka proszku do pieczenia
$^1/_2$ łyżeczki soli
1 $^1/_2$ szklanki mleka sojowego
$^1/_4$ szklanki miękkiego, jedwabistego tofu, odsączonego
1 łyżka oleju rzepakowego lub z pestek winogron, plus
więcej do smażenia

W żaroodpornej misce zalej żurawinę wrzącą wodą i
odstaw do zmięknięcia, około 10 minut. Dobrze odcedź
i odstaw.
W małym rondelku połącz syrop klonowy, sok
pomarańczowy, pomarańczę i margarynę i podgrzewaj
na małym ogniu, mieszając, aby rozpuścić margarynę.
Utrzymuj ciepło. Rozgrzej piekarnik do 225°F.
W dużej misce wymieszaj mąkę, cukier, proszek do
pieczenia i sól, odstaw.

W blenderze lub malakserze wymieszaj mleko sojowe,
tofu i olej, aż do uzyskania jednolitej masy.

Wlej mokre składniki do suchych i wymieszaj kilkoma
szybkimi pociągnięciami. Wmieszaj zmiękczone
żurawiny.

Na patelni lub dużej patelni rozgrzej cienką warstwę
oleju na średnio-wysokim ogniu. Wlej $^1/_4$ szklanki do $^1/_3$ szklanki

ciasta na rozgrzaną patelnię. Smażyć, aż na górze
pojawią się małe bąbelki, 2 do 3 minut. Obrócić
naleśnik i smażyć, aż druga strona się zrumieni, około 2
minut dłużej. Przełożyć usmażone naleśniki na
żaroodporny talerz i trzymać w cieple w piekarniku,
podczas gdy smaży się resztę. Podawać z syropem
pomarańczowo-klonowym.

## 13. Tofu glazurowane sojowe

**Wystarczy na 4 porcje**

- 1 funt tofu o bardzo dużej twardości, odsączonego, pokrojonego na plasterki o grubości $1/2$ cala i sprasowanego
- $1/4$ szklanki prażonego oleju sezamowego
- $1/4$ szklanki octu ryżowego
- 2 łyżeczki cukru

Osusz tofu, ułóż je w naczyniu do pieczenia o wymiarach 9 x 13 cali i odstaw.

W małym rondelku wymieszaj sos sojowy, olej, ocet i cukier i doprowadź do wrzenia. Wlej gorącą marynatę na tofu i odstaw na 30 minut, przewracając raz.

Rozgrzej piekarnik do 350°F. Piecz tofu przez 30 minut, przewracając raz w połowie pieczenia. Podawaj natychmiast lub pozostaw do ostygnięcia do temperatury pokojowej, a następnie przykryj i schłódź w lodówce do momentu użycia.

## 14. Tofu w stylu Cajun

**Wystarczy na 4 porcje**

- 1 funt tofu ekstra twardego, odsączonego i osuszonego
- Sól
- 1 łyżka plus 1 łyżeczka przyprawy Cajun
- 2 łyżki oliwy z oliwek
- $^1/_4$ szklanki posiekanej zielonej papryki
- 1 łyżka posiekanego selera
- 2 łyżki posiekanej zielonej cebulki

- 2 ząbki czosnku, drobno posiekane
- 1 (14,5 uncji) puszka pokrojonych w kostkę pomidorów, odsączonych
- 1 łyżka sosu sojowego
- 1 łyżka posiekanej świeżej pietruszki

Pokrój tofu na plasterki o grubości $^1/_2$ cala i posyp obie strony solą i 1 łyżką przyprawy Cajun. Odstaw.

W małym rondelku rozgrzej 1 łyżkę oleju na średnim ogniu. Dodaj paprykę i seler. Przykryj i gotuj przez 5 minut. Dodaj zieloną cebulę i czosnek i gotuj bez przykrycia przez 1 minutę dłużej. Wymieszaj z pomidorami, sosem sojowym, pietruszką, pozostałą 1 łyżeczką mieszanki przypraw Cajun i solą do smaku. Gotuj na wolnym ogniu przez 10 minut, aby smaki się połączyły i odstaw.

Na dużej patelni rozgrzej pozostałą 1 łyżkę oleju na średnio-wysokim ogniu. Dodaj tofu i smaż, aż zbrązowieje z obu stron, około 10 minut. Dodaj sos i gotuj na wolnym ogniu przez 5 minut. Podawaj natychmiast.

## 15. Chrupiące Tofu z Sosem Kaparowym

**Wystarczy na 4 porcje**

- 1 funt tofu ekstra twardego, odsączonego, pokrojonego na plasterki o grubości $1/4$ cala i sprasowanego
- Sól i świeżo zmielony czarny pieprz
- 2 łyżki oliwy z oliwek, plus więcej, jeśli to konieczne
- 1 średnia szalotka, posiekana
- 2 łyżki kaparów
- 3 łyżki posiekanej świeżej pietruszki
- 2 łyżki wegańskiej margaryny
- Sok z 1 cytryny

Rozgrzej piekarnik do 275°F. Osusz tofu i dopraw solą i pieprzem do smaku. Umieść mąkę kukurydzianą w płytkiej misce. Obtocz tofu w mące kukurydzianej, pokrywając nią wszystkie boki.

Na dużej patelni rozgrzej 2 łyżki oleju na średnim ogniu. Dodaj tofu, jeśli to konieczne, partiami i smaż, aż będzie złocistobrązowe z obu stron, około 4 minut z każdej strony. Przełóż smażone tofu na żaroodporny talerz i trzymaj w piekarniku.

Na tej samej patelni rozgrzej pozostałą 1 łyżkę oleju na średnim ogniu. Dodaj szalotkę i smaż, aż zmięknie, około 3 minut. Dodaj kapary i pietruszkę i smaż przez 30 sekund, następnie wmieszaj margarynę, sok z cytryny oraz sól i pieprz do smaku, mieszając, aby rozpuścić i połączyć margarynę. Polej tofu sosem kaparowym i podawaj natychmiast.

## 16. Tofu smażone na wsi z sosem złotym

### Wystarczy na 4 porcje

- 1 funt tofu o bardzo dużej twardości, odsączonego, pokrojonego na plasterki o grubości $^1/_2$ cala i sprasowanego
- Sól i świeżo zmielony czarny pieprz
- $^1/_3$ szklanki mąki kukurydzianej
- 2 łyżki oliwy z oliwek
- 1 średnia słodka żółta cebula, posiekana
- 2 łyżki mąki uniwersalnej
- 1 łyżeczka suszonego tymianku
- $^1/_8$ łyżeczki kurkumy
- 1 szklanka bulionu warzywnego, domowego (patrz: Lekki bulion warzywny ) lub kupionego w sklepie
- 1 łyżka sosu sojowego

- 1 szklanka ugotowanej lub konserwowej ciecierzycy, odsączonej i wypłukanej
- 2 łyżki posiekanej świeżej pietruszki do dekoracji

Osusz tofu i dopraw solą i pieprzem do smaku. Umieść mąkę kukurydzianą w płytkiej misce. Obtocz tofu w mące kukurydzianej, pokrywając wszystkie strony. Rozgrzej piekarnik do 250°F.

Na dużej patelni rozgrzej 2 łyżki oleju na średnim ogniu. Dodaj tofu, w razie potrzeby partiami, i smaż, aż będzie złocistobrązowe z obu stron, około 10 minut. Przełóż smażone tofu na żaroodporny talerz i trzymaj w cieple w piekarniku.

Na tej samej patelni rozgrzej pozostałą 1 łyżkę oleju na średnim ogniu. Dodaj cebulę, przykryj i smaż, aż zmięknie, 5 minut. Odkryj i zmniejsz ogień do niskiego. Wymieszaj mąkę, tymianek i kurkumę i smaż przez 1 minutę, stale mieszając. Powoli wlej bulion, a następnie mleko sojowe i sos sojowy. Dodaj ciecierzycę i dopraw solą i pieprzem do smaku. Kontynuuj gotowanie, często mieszając, przez 2 minuty. Przełóż do blendera i miksuj, aż do uzyskania gładkiej i kremowej konsystencji. Wróć do rondla i podgrzewaj, aż będzie gorący, dodając trochę więcej bulionu, jeśli sos jest zbyt gęsty. Polej sosem tofu i posyp pietruszką. Podawaj natychmiast.

## 17. Tofu w glazurze pomarańczowej ze szparagami

**Wystarczy na 4 porcje**

- 2 łyżki mirinu
- 1 łyżka mąki kukurydzianej
- 1 opakowanie (16 uncji) tofu extra-twardego, odsączonego i pokrojonego w paski o grubości $^1/_4$ cala
- 2 łyżki sosu sojowego
- 1 łyżeczka prażonego oleju sezamowego
- 1 łyżeczka cukru
- $^1/_4$ łyżeczki azjatyckiej pasty chili
- 2 łyżki oleju rzepakowego lub z pestek winogron
- 1 ząbek czosnku, drobno posiekany
- $^1/_2$ łyżeczki posiekanego świeżego imbiru
- 5 uncji cienkich szparagów, z przyciętymi twardymi końcami pokrojonymi na kawałki o długości 1 $^1/_2$ cala

W płytkiej misce połącz mirin i skrobię kukurydzianą i dobrze wymieszaj. Dodaj tofu i delikatnie wymieszaj, aby pokryć. Odstaw do zamarynowania na 30 minut.

W małej misce wymieszaj sok pomarańczowy, sos sojowy, olej sezamowy, cukier i pastę chili. Odstaw.

Na dużej patelni lub woku rozgrzej olej rzepakowy na średnim ogniu. Dodaj czosnek i imbir i smaż, aż będą pachnące, około 30 sekund. Dodaj marynowane tofu i szparagi i smaż, aż tofu będzie złocistobrązowe, a szparagi będą miękkie, około 5 minut. Wymieszaj z sosem i gotuj przez około 2 minuty. Podawaj natychmiast.

## 18. Pizzaiola z tofu

### Wystarczy na 4 porcje

- 2 łyżki oliwy z oliwek
- 1 opakowanie (16-uncjowe) tofu o bardzo dużej twardości, odsączone, pokrojone na plasterki o grubości $1/2$ cala i sprasowane (patrz: Lekki bulion warzywny )
- Sól
- 3 ząbki czosnku, drobno posiekane
- 1 (14,5 uncji) puszka pokrojonych w kostkę pomidorów, odsączonych
- $1/4$ szklanki suszonych na słońcu pomidorów w oleju, pokrojonych w paski o grubości $1/4$ cala
- 1 łyżka kaparów
- 1 łyżeczka suszonego oregano

- $^1/_2$ łyżeczki cukru
- Świeżo zmielony czarny pieprz
- 2 łyżki posiekanej świeżej pietruszki do dekoracji

Rozgrzej piekarnik do 275°F. Na dużej patelni rozgrzej 1 łyżkę oleju na średnim ogniu. Dodaj tofu i smaż, aż będzie złocistobrązowe z obu stron, przewracając raz, około 5 minut z każdej strony. Posyp tofu solą do smaku. Przełóż smażone tofu na żaroodporny talerz i trzymaj w cieple w piekarniku.

Na tej samej patelni rozgrzej pozostałą 1 łyżkę oleju na średnim ogniu. Dodaj czosnek i smaż, aż zmięknie, około 1 minuty. Nie brązowiej. Wymieszaj z pokrojonymi w kostkę pomidorami, suszonymi pomidorami, oliwkami i kaparami. Dodaj oregano, cukier, sól i pieprz do smaku. Gotuj na wolnym ogniu, aż sos będzie gorący, a smaki dobrze się połączą, około 10 minut. Polej smażone plastry tofu sosem i posyp pietruszką. Podawaj natychmiast.

## 19. Tofu „Ka-Pow"

**Wystarczy na 4 porcje**

- 1 funt tofu extra-twardego, odsączonego, osuszonego i pokrojonego w kostki o wymiarach 1 cala
- Sól
- 2 łyżki mąki kukurydzianej
- 2 łyżki sosu sojowego
- 1 łyżka wegetariańskiego sosu ostrygowego

- 2 łyżeczki octu Nothin' Fishy Nam Pla lub 1 łyżeczka octu ryżowego
- 1 łyżeczka jasnobrązowego cukru
- $^1/_2$ łyżeczki zmielonej czerwonej papryki
- 2 łyżki oleju rzepakowego lub z pestek winogron
- 1 średnia słodka żółta cebula, przekrojona na pół i pokrojona na plasterki o grubości $^1/_2$ cala
- średniej wielkości czerwona papryka, pokrojona w plasterki o grubości $^1/_4$ cala
- zielona cebula, posiekana
- $^1/_2$ szklanki liści tajskiej bazylii

W średniej misce wymieszaj tofu, sól do smaku i skrobię kukurydzianą. Wymieszaj, aby pokryć i odstaw.

W małej misce wymieszaj sos sojowy, sos ostrygowy, nam pla, cukier i zmiażdżoną czerwoną paprykę. Dobrze wymieszaj, aby składniki się połączyły i odstaw.

Na dużej patelni rozgrzej 1 łyżkę oleju na średnio-wysokim ogniu. Dodaj tofu i smaż, aż będzie złocistobrązowe, około 8 minut. Wyjmij z patelni i odstaw.

Na tej samej patelni rozgrzej pozostałą 1 łyżkę oleju na średnim ogniu. Dodaj cebulę i paprykę i smaż, aż zmiękną, około 5 minut. Dodaj zieloną cebulę i smaż jeszcze przez 1 minutę. Dodaj smażone tofu, sos i bazylię i smaż, aż będą gorące, około 3 minut. Podawaj natychmiast.

## 20. Tofu po sycylijsku

## Wystarczy na 4 porcje

- 2 łyżki oliwy z oliwek
- 1 funt tofu extra-twardego, odsączonego, pokrojonego na plasterki o grubości $1/4$ cala i wyciśniętego Sól i świeżo zmielony czarny pieprz
- 1 mała żółta cebula, posiekana
- 2 ząbki czosnku, drobno posiekane
- 1 (28-uncjowa) puszka pokrojonych w kostkę pomidorów, odsączonych
- $1/4$ szklanki wytrawnego białego wina
- $1/4$ łyżeczki zmielonej czerwonej papryki
- $1/3$ szklanki wydrylowanych oliwek Kalamata
- $1 1/2$ łyżki kaparów

- 2 łyżki posiekanej świeżej bazylii lub 1 łyżeczka
  suszonej (opcjonalnie)

Rozgrzej piekarnik do 250°F. Na dużej patelni rozgrzej 1 łyżkę oleju na średnim ogniu. Dodaj tofu, w razie potrzeby partiami, i smaż, aż będzie złocistobrązowe z obu stron, po 5 minut z każdej strony. Dopraw solą i czarnym pieprzem do smaku. Przełóż ugotowane tofu na żaroodporny talerz i trzymaj w cieple w piekarniku, podczas gdy przygotowujesz sos.

Na tej samej patelni rozgrzej pozostałą 1 łyżkę oleju na średnim ogniu. Dodaj cebulę i czosnek, przykryj i gotuj, aż cebula zmięknie, 10 minut. Dodaj pomidory, wino i zmiażdżoną czerwoną paprykę. Doprowadź do wrzenia, a następnie zmniejsz ogień do małego i gotuj na wolnym ogniu bez przykrycia przez 15 minut. Wymieszaj z oliwkami i kaparami. Gotuj przez kolejne 2 minuty.

Ułóż tofu na półmisku lub osobnych talerzach. Nałóż sos na wierzch. Posyp świeżą bazylią, jeśli używasz. Podawaj natychmiast.

## 21. Tajska potrawa smażona na patelni Phoon

## Wystarczy na 4 porcje

- 1 funt tofu bardzo twardego, odsączonego i osuszonego
- 2 łyżki oleju rzepakowego lub z pestek winogron
- średniej wielkości szalotki, przekrojone wzdłuż na pół i pokrojone na plasterki o grubości $^1/_{8}$ cala
- 2 ząbki czosnku, drobno posiekane
- 2 łyżeczki startego świeżego imbiru
- 3 uncje białych kapeluszy pieczarek, lekko opłukanych, osuszonych i pokrojonych na plasterki o grubości $^1/_{2}$ cala
- 1 łyżka masła orzechowego
- 2 łyżeczki jasnobrązowego cukru
- 1 łyżeczka azjatyckiej pasty chili

- 2 łyżki sosu sojowego
- 1 łyżka mirinu
- 1 (13,5 uncji) puszka niesłodzonego mleka kokosowego
- 6 uncji posiekanego świeżego szpinaku
- 1 łyżka oleju sezamowego prażonego
- Świeżo ugotowany ryż lub makaron do podania
- 2 łyżki drobno posiekanej świeżej tajskiej bazylii lub kolendry
- 2 łyżki pokruszonych, niesolonych, prażonych orzeszków ziemnych
- 2 łyżeczki posiekanego kandyzowanego imbiru (opcjonalnie)

Pokrój tofu w kostkę o wymiarach $1/2$ cala i odłóż na bok. Na dużej patelni rozgrzej 1 łyżkę oleju. średnio-wysoki ogień. Dodaj tofu i smaż, aż będzie złocistobrązowe, około 7 minut. Wyjmij tofu z patelni i odstaw.

Na tej samej patelni rozgrzej pozostałą 1 łyżkę oleju na średnim ogniu. Dodaj szalotki, czosnek, imbir i grzyby i smaż, aż zmiękną, około 4 minut.

Wymieszaj masło orzechowe, cukier, pastę chili, sos sojowy i mirin. Wymieszaj z mlekiem kokosowym i mieszaj, aż składniki dobrze się połączą. Dodaj smażone tofu i szpinak i doprowadź do wrzenia. Zmniejsz ogień do średnio-niskiego i gotuj na wolnym ogniu, mieszając od czasu do czasu, aż szpinak zwiędnie, a smaki dobrze się połączą, 5 do 7 minut. Wymieszaj z olejem sezamowym i gotuj na wolnym ogniu przez kolejną minutę. Aby podać, nałóż mieszankę tofu na wybrany ryż lub makaron i posyp kokosem, bazylią, orzeszkami ziemnymi i kandyzowanym imbirem, jeśli używasz. Podawaj natychmiast.

## 22. Pieczone tofu w sosie chipotle

**Wystarczy na 4 porcje**

- 2 łyżki sosu sojowego
- 2 konserwowe papryczki chipotle w sosie adobo
- 1 łyżka oliwy z oliwek
- 1 funt bardzo twardego tofu, odsączonego, pokrojonego na plasterki o grubości $^1/_2$ cala i odciśniętego (patrz: Lekki bulion warzywny )

Rozgrzej piekarnik do 375°F. Lekko natłuść blachę do pieczenia o wymiarach 9 x 13 cali i odstaw.

W robocie kuchennym wymieszaj sos sojowy, chipotle i olej, aż się połączą. Przełóż mieszankę chipotle do małej miski.

Posmaruj mieszanką chipotle obie strony plastrów tofu i ułóż je w jednej warstwie na przygotowanej patelni. Piecz, aż będą gorące, około 20 minut. Podawaj natychmiast.

## 23. Grillowane Tofu z Glazurą Tamaryndową

**Wystarczy na 4 porcje**

- 1 funt tofu ekstra twardego, odsączonego i osuszonego
- Sól i świeżo zmielony czarny pieprz
- 2 łyżki oliwy z oliwek
- 2 średnie szalotki, posiekane
- 2 ząbki czosnku, drobno posiekane
- 2 dojrzałe pomidory, grubo posiekane
- 2 łyżki ketchupu
- $^{1}/_{4}$ szklanki wody
- 2 łyżki musztardy Dijon
- 1 łyżka ciemnego brązowego cukru
- 2 łyżki nektaru z agawy
- 2 łyżki koncentratu z tamaryndowca
- 1 łyżka ciemnej melasy
- $^{1}/_{2}$ łyżeczki mielonego pieprzu cayenne

- 1 łyżka wędzonej papryki
- 1 łyżka sosu sojowego

Pokrój tofu w plasterki o grubości 2,5 cm, dopraw solą i pieprzem do smaku i odłóż na płytką blachę do pieczenia.

Rozgrzej olej w dużym rondlu na średnim ogniu. Dodaj szalotki i czosnek i smaż przez 2 minuty. Dodaj wszystkie pozostałe składniki, oprócz tofu. Zmniejsz ogień do niskiego i gotuj na wolnym ogniu przez 15 minut. Przełóż mieszankę do blendera lub robota kuchennego i miksuj do uzyskania gładkiej konsystencji. Wróć do rondla i gotuj jeszcze przez 15 minut, a następnie odstaw do ostygnięcia. Wlej sos na tofu i wstaw do lodówki na co najmniej 2 godziny. Rozgrzej grill lub brojler.

Grilluj marynowane tofu, obracając raz, aby się podgrzało i ładnie zrumieniło z obu stron. Podczas grillowania tofu podgrzej marynatę w rondlu. Zdejmij tofu z grilla, posmaruj każdą stronę sosem tamaryndowym i natychmiast podawaj.

## 24. Tofu faszerowane rzeżuchą

**Wystarczy na 4 porcje**

- 1 funt bardzo twardego tofu, odsączonego, pokrojonego na plasterki o grubości ¾ cala i odciśniętego (patrz: Lekki bulion warzywny )
- Sól i świeżo zmielony czarny pieprz
- 1 mały pęczek rzeżuchy, z usuniętymi twardymi łodygami i posiekany
- 2 dojrzałe pomidory śliwkowe, pokrojone w kostkę
- $^1/_2$ szklanki posiekanej zielonej cebulki
- 2 łyżki posiekanej świeżej pietruszki
- 2 łyżki posiekanej świeżej bazylii
- 1 łyżeczka posiekanego czosnku
- 2 łyżki oliwy z oliwek
- 1 łyżka octu balsamicznego
- Szczypta cukru

- $1/2$ szklanki mąki uniwersalnej
- $1/2$ szklanki wody
- 1 $1/2$ szklanki suchych, nieprzyprawionych okruchów chleba

Wytnij długą, głęboką kieszeń z boku każdego plasterka tofu i połóż tofu na blasze do pieczenia. Dopraw solą i pieprzem do smaku i odstaw.

W dużej misce wymieszaj rzeżuchę, pomidory, zieloną cebulę, pietruszkę, bazylię, czosnek, 2 łyżki oliwy, ocet, cukier oraz sól i pieprz do smaku. Mieszaj, aż składniki dobrze się połączą, a następnie ostrożnie włóż mieszankę do kieszonek tofu.

Wsyp mąkę do płytkiej miski. Wlej wodę do oddzielnej płytkiej miski. Umieść bułkę tartą na dużym talerzu. Obtocz tofu w mące, a następnie ostrożnie zanurz je w wodzie, a następnie obtocz w bułce tartej, dokładnie ją pokrywając.

Na dużej patelni rozgrzej pozostałe 2 łyżki oleju na średnim ogniu. Dodaj faszerowane tofu do patelni i smaż, aż będzie złocistobrązowe, przewracając raz, 4 do 5 minut z każdej strony. Podawaj natychmiast.

## 25. Tofu z pistacjami i granatem

**Wystarczy na 4 porcje**

- 1 funt bardzo twardego tofu, odsączonego, pokrojonego na plasterki o grubości $1/4$ cala i odciśniętego (patrz: Lekki bulion warzywny )
- Sól i świeżo zmielony czarny pieprz
- 2 łyżki oliwy z oliwek
- $1/2$ szklanki soku z granatu
- 1 łyżka octu balsamicznego
- 1 łyżka jasnobrązowego cukru
- 2 zielone cebulki, posiekane

- $^1/_2$ szklanki niesolonych pistacji łuskanych, grubo posiekanych
- Dopraw tofu solą i pieprzem do smaku.

Rozgrzej olej na dużej patelni na średnim ogniu. Dodaj plasterki tofu, w razie potrzeby partiami, i smaż, aż lekko się zrumienią, około 4 minut z każdej strony. Zdejmij z patelni i odstaw.

Na tej samej patelni dodaj sok z granatów, ocet, cukier i zieloną cebulę i gotuj na średnim ogniu przez 5 minut. Dodaj połowę pistacji i gotuj, aż sos lekko zgęstnieje, około 5 minut.

Wróć smażone tofu na patelnię i gotuj, aż będzie gorące, około 5 minut, polewając sosem tofu podczas gotowania. Podawaj natychmiast, posypane pozostałymi pistacjami.

## 26. Tofu z Wyspy Przypraw

**Wystarczy na 4 porcje**

- $^1/_2$ szklanki mąki kukurydzianej
- $^1/_2$ łyżeczki posiekanego świeżego tymianku lub $^1/_4$ łyżeczki suszonego
- $^1/_2$ łyżeczki posiekanego świeżego majeranku lub $^1/_4$ łyżeczki suszonego
- $^1/_2$ łyżeczki soli
- $^1/_4$ łyżeczki mielonego pieprzu cayenne
- $^1/_4$ łyżeczki słodkiej lub wędzonej papryki
- $^1/_4$ łyżeczki jasnobrązowego cukru
- $^1/_8$ łyżeczki mielonego ziela angielskiego
- 1 funt tofu extra-twardego, odsączonego i pokrojonego w paski o grubości $^1/_2$ cala
- 2 łyżki oleju rzepakowego lub z pestek winogron
- 1 średnia czerwona papryka, pokrojona w paski o szerokości $^1/_4$ cala
- 2 zielone cebulki, posiekane
- 1 ząbek czosnku, drobno posiekany
- 1 papryczka jalapeño, pozbawiona pestek i posiekana

- 2 dojrzałe pomidory śliwkowe, pozbawione pestek i pokrojone w kostkę
- 1 szklanka pokrojonego świeżego lub konserwowego ananasa
- 2 łyżki sosu sojowego
- $1/4$ szklanki wody
- 2 łyżeczki świeżego soku z limonki
- 1 łyżka posiekanej świeżej pietruszki, do dekoracji

W płytkiej misce wymieszaj skrobię kukurydzianą, tymianek, majeranek, sól, pieprz cayenne, paprykę, cukier i ziele angielskie. Dobrze wymieszaj. Obtocz tofu w mieszance przypraw, pokrywając ją ze wszystkich stron. Rozgrzej piekarnik do 250°F.

Na dużej patelni rozgrzej 2 łyżki oleju na średnim ogniu. Dodaj obtoczone tofu, w razie potrzeby partiami i smaż, aż będzie złocistobrązowe, około 4 minuty z każdej strony. Przełóż smażone tofu na żaroodporny talerz i trzymaj w piekarniku.

Na tej samej patelni rozgrzej pozostałą 1 łyżkę oleju na średnim ogniu. Dodaj paprykę, zieloną cebulę, czosnek i jalapeño. Przykryj i gotuj, mieszając od czasu do czasu, aż zmiękną, około 10 minut. Dodaj pomidory, ananasa, sos sojowy, wodę i sok z limonki i gotuj na wolnym ogniu, aż mieszanka będzie gorąca, a smaki się połączą, około 5 minut. Nałóż łyżką mieszankę warzyw na smażone tofu. Posypać posiekaną pietruszką i podawać natychmiast.

## 27. Tofu z imbirem i sosem cytrusowo-hoisinowym

**Wystarczy na 4 porcje**

- 1 funt tofu extra-twardego, odsączonego, osuszonego i pokrojonego w kostki o wymiarach $^1/_2$ cala
- 2 łyżki sosu sojowego
- 2 łyżki stołowe plus 1 łyżeczka mąki kukurydzianej
- 1 łyżka plus 1 łyżeczka oleju rzepakowego lub z pestek winogron
- 1 łyżeczka prażonego oleju sezamowego
- 2 łyżeczki startego świeżego imbiru
- zielona cebula, posiekana
- $^1/_3$ szklanki sosu hoisin
- $^1/_2$ szklanki bulionu warzywnego, domowego (patrz: Lekki bulion warzywny ) lub kupionego w sklepie
- $^1/_4$ szklanki świeżego soku pomarańczowego
- 1 $^1/_2$ łyżki świeżego soku z limonki

- 1 $1/2$ łyżki świeżego soku z cytryny
- Sól i świeżo zmielony czarny pieprz

Umieść tofu w płytkiej misce. Dodaj sos sojowy i wymieszaj, aby pokryć, a następnie posyp 2 łyżkami mąki kukurydzianej i wymieszaj, aby pokryć.

Na dużej patelni rozgrzej 1 łyżkę oleju rzepakowego na średnim ogniu. Dodaj tofu i smaż, aż będzie złocistobrązowe, od czasu do czasu obracając, około 10 minut. Wyjmij tofu z patelni i odstaw.

Na tej samej patelni rozgrzej pozostałą 1 łyżeczkę oleju rzepakowego i oleju sezamowego na średnim ogniu. Dodaj imbir i zieloną cebulę i gotuj, aż będą pachnące, około 1 minuty. Wymieszaj z sosem hoisin, bulionem i sokiem pomarańczowym i doprowadź do wrzenia. Gotuj, aż płyn lekko się zredukuje, a smaki będą miały szansę się połączyć, około 3 minut. W małej misce wymieszaj pozostałą 1 łyżeczkę mąki kukurydzianej z sokiem z limonki i sokiem z cytryny i dodaj do sosu, mieszając, aby lekko zgęstniał. Dopraw solą i pieprzem do smaku.

Wróć do smażonego tofu na patelni i smaż, aż będzie pokryte sosem i podgrzane. Podawaj natychmiast.

## 28. Tofu z trawą cytrynową i groszkiem cukrowym

**Wystarczy na 4 porcje**

- 2 łyżki oleju rzepakowego lub z pestek winogron
- 1 średnia czerwona cebula, przekrojona na pół i pokrojona w cienkie plasterki
- 2 ząbki czosnku, drobno posiekane
- 1 łyżeczka startego świeżego imbiru
- 1 funt tofu extra-twardego, odsączonego i pokrojonego w kostkę o wymiarach $^1/_2$ cala
- 2 łyżki sosu sojowego
- 1 łyżka mirinu lub sake
- 1 łyżeczka cukru

- $^1/_2$ łyżeczki zmielonej czerwonej papryki
- 4 uncje groszku cukrowego, przyciętego
- 1 łyżka posiekanej trawy cytrynowej lub skórki z 1 cytryny
- 2 łyżki grubo zmielonych, niesolonych, prażonych orzeszków ziemnych, do dekoracji

Na dużej patelni lub woku rozgrzej olej na średnio-wysokim ogniu. Dodaj cebulę, czosnek i imbir i smaż przez 2 minuty. Dodaj tofu i smaż, aż będzie złocistobrązowe, około 7 minut.

Wymieszaj sos sojowy, mirin, cukier i zmiażdżoną czerwoną paprykę. Dodaj groszek cukrowy i trawę cytrynową i smaż, aż groszek cukrowy będzie chrupiący i delikatny, a smaki dobrze się połączą, około 3 minut. Udekoruj orzeszkami ziemnymi i podawaj natychmiast.

## 29. Tofu z podwójnym sezamem i sosem tahini

### Wystarczy na 4 porcje

- $1/2$ szklanki tahini (pasty sezamowej)
- 2 łyżki świeżego soku z cytryny
- 2 łyżki sosu sojowego
- 2 łyżki wody
- $1/4$ szklanki białego sezamu
- $1/4$ szklanki czarnego sezamu
- $1/2$ szklanki mąki kukurydzianej
- 1 funt tofu ekstra-twardego, odsączonego, osuszonego i pokrojonego w paski o grubości $1/2$ cala
- Sól i świeżo zmielony czarny pieprz
- 2 łyżki oleju rzepakowego lub z pestek winogron

W małej misce połącz tahini, sok z cytryny, sos sojowy i wodę, mieszając, aby dobrze się połączyły. Odstaw.

W płytkiej misce wymieszaj białe i czarne nasiona sezamu oraz skrobię kukurydzianą, mieszając, aby się połączyły. Dopraw tofu solą i pieprzem do smaku. Odstaw.

Rozgrzej olej na dużej patelni na średnim ogniu. Obtocz tofu w mieszance sezamu, aż będzie dobrze pokryte, a następnie dodaj do gorącej patelni i smaż, aż się zrumieni i stanie się chrupiące, obracając w razie potrzeby, przez 3 do 4 minut z każdej strony. Uważaj, aby nie spalić nasion. Skrop sosem tahini i podawaj natychmiast.

# 30. Gulasz z tofu i edamame

**Wystarczy na 4 porcje**

- 2 łyżki oliwy z oliwek
- 1 średnia żółta cebula, posiekana
- $^1/_2$ szklanki posiekanego selera
- 2 ząbki czosnku, drobno posiekane
- 2 średnie ziemniaki Yukon Gold, obrane i pokrojone w kostkę o wymiarach $^1/_2$ cala
- 1 szklanka świeżego lub mrożonego edamame w łupinach
- 2 szklanki obranej i pokrojonej w kostkę cukinii
- $^1/_2$ szklanki mrożonego groszku
- 1 łyżeczka suszonego cząbru
- $^1/_2$ łyżeczki pokruszonej suszonej szałwii
- $^1/_8$ łyżeczki mielonego pieprzu cayenne

- 1 $^1/_2$ szklanki bulionu warzywnego, domowego (patrz: Lekki bulion warzywny ) lub kupionego w sklepie Sól i świeżo zmielony czarny pieprz
- 1 funt tofu extra-twardego, odsączonego, osuszonego i pokrojonego w kostkę o wymiarach $^1/_2$ cala
- 2 łyżki posiekanej świeżej pietruszki

W dużym rondlu rozgrzej 1 łyżkę oleju na średnim ogniu. Dodaj cebulę, seler i czosnek. Przykryj i gotuj, aż zmiękną, około 10 minut. Wymieszaj ziemniaki, edamame, cukinię, groszek, cząber, szałwię i pieprz cayenne. Dodaj bulion i doprowadź do wrzenia. Zmniejsz ogień do niskiego i dopraw solą i pieprzem do smaku. Przykryj i gotuj na wolnym ogniu, aż warzywa będą miękkie, a smaki się wymieszają, około 40 minut.

Na dużej patelni rozgrzej pozostałą 1 łyżkę oleju na średnio-wysokim ogniu. Dodaj tofu i smaż, aż będzie złocistobrązowe, około 7 minut. Dopraw solą i pieprzem do smaku i odstaw. Około 10 minut przed zakończeniem gotowania gulaszu dodaj smażone tofu i pietruszkę. Spróbuj, w razie potrzeby dopraw, i natychmiast podawaj.

## 31. Kotlety sojowo-tanowe

**Wystarczy na 6 porcji**

- 10 uncji twardego tofu, odsączonego i pokruszonego
- 2 łyżki sosu sojowego
- $1/4$ łyżeczki słodkiej papryki
- $1/4$ łyżeczki proszku cebulowego
- $1/4$ łyżeczki czosnku w proszku
- $1/4$ łyżeczki świeżo zmielonego czarnego pieprzu
- 1 szklanka mąki z glutenu pszennego (witalnego glutenu pszennego)
- 2 łyżki oliwy z oliwek

W robocie kuchennym wymieszaj tofu, sos sojowy, paprykę, proszek cebulowy, proszek czosnkowy, pieprz i mąkę. Miksuj, aż do uzyskania jednolitej konsystencji. Przenieś mieszankę na płaską powierzchnię roboczą i uformuj w cylinder. Podziel mieszankę na 6 równych części i spłaszcz je na bardzo cienkie kotlety, nie grubsze niż $1/4$ cala. (Aby to zrobić, umieść każdy kotlet między dwoma kawałkami papieru woskowanego, folii lub papieru pergaminowego i rozwałkuj na płasko wałkiem do ciasta.)

Rozgrzej olej na średnim ogniu na dużej patelni. Dodaj kotlety, jeśli to konieczne, w partiach, przykryj i smaż, aż ładnie się zrumienią z obu stron, 5 do 6 minut z każdej strony. Kotlety są teraz gotowe do użycia w przepisach lub do natychmiastowego podania, polane sosem.

## 32. Mój rodzaj pieczeni mięsnej

**Wystarczy na 4–6 porcji**

- 2 łyżki oliwy z oliwek
- $^2/_3$ szklanki posiekanej cebuli
- 2 ząbki czosnku, drobno posiekane
- 1 funt tofu ekstra twardego, odsączonego i osuszonego
- 2 łyżki ketchupu

- 2 łyżki tahini (pasty sezamowej) lub kremowego masła orzechowego
- 2 łyżki sosu sojowego
- $^1/_2$ szklanki zmielonych orzechów włoskich
- 1 szklanka płatków owsianych tradycyjnych
- 1 szklanka mąki z glutenu pszennego (witalnego glutenu pszennego)
- 2 łyżki posiekanej świeżej pietruszki
- $^1/_2$ łyżeczki soli
- $^1/_2$ łyżeczki słodkiej papryki
- $^1/_4$ łyżeczki świeżo zmielonego czarnego pieprzu

Rozgrzej piekarnik do 375°F. Lekko natłuść 9-calową formę do pieczenia chleba i odstaw. Na dużej patelni rozgrzej 1 łyżkę oleju na średnim ogniu. Dodaj cebulę i czosnek, przykryj i smaż, aż zmiękną, 5 minut.

W robocie kuchennym wymieszaj tofu, ketchup, tahini i sos sojowy i miksuj do uzyskania gładkiej konsystencji. Dodaj odłożoną mieszankę cebulową i wszystkie pozostałe składniki. Miksuj, aż dobrze się połączą, ale z pewną teksturą.

Włóż mieszankę do przygotowanej formy. Mocno dociśnij mieszankę do formy, wygładzając wierzch. Piecz, aż będzie jędrna i złocistobrązowa, około 1 godziny. Odstaw na 10 minut przed pokrojeniem.

## 33. Bardzo waniliowe tosty francuskie

**Wystarczy na 4 porcje**

1 opakowanie (12 uncji) twardego jedwabistego tofu, odsączonego
1 $1/2$ szklanki mleka sojowego
2 łyżki mąki kukurydzianej
1 łyżka oleju rzepakowego lub z pestek winogron
2 łyżeczki cukru
1 $1/2$ łyżeczki czystego ekstraktu waniliowego
$1/4$ łyżeczki soli
4 kromki włoskiego chleba czerstwego
Olej rzepakowy lub z pestek winogron do smażenia

Rozgrzej piekarnik do 225°F. W blenderze lub robocie kuchennym połącz tofu, mleko sojowe, skrobię kukurydzianą, olej, cukier, wanilię i sól i miksuj do uzyskania gładkiej konsystencji.

Wlej ciasto do płytkiej miski i zanurz w nim chleb, obracając go tak, aby pokryć nim obie strony.

Na patelni lub dużej patelni rozgrzej cienką warstwę oleju na średnim ogniu. Połóż tosty francuskie na gorącej patelni i smaż, aż będą złocistobrązowe z obu stron, przewracając raz, 3 do 4 minut z każdej strony.

Przełóż usmażone tosty francuskie na żaroodporny talerz i trzymaj je w piekarniku przez czas pieczenia reszty.

## 34. Pasta śniadaniowa sezamowo-sojowa

**Wystarczy na około 1 filiżankę**

$1/2$ szklanki miękkiego tofu, odsączonego i osuszonego
2 łyżki tahini (pasty sezamowej)
2 łyżki drożdży odżywczych
1 łyżka świeżego soku z cytryny
2 łyżeczki oleju lnianego
1 łyżeczka prażonego oleju sezamowego
$1/2$ łyżeczki soli

W blenderze lub robocie kuchennym połącz wszystkie składniki i miksuj do uzyskania gładkiej konsystencji. Przełóż mieszankę do małej miski, przykryj i wstaw do lodówki na kilka godzin, aby pogłębić smak.
Prawidłowo przechowywana, będzie dobra do 3 dni.

## 35. Radiatore z sosem Aurora

**Wystarczy na 4 porcje**

- 1 łyżka oliwy z oliwek
- 3 ząbki czosnku, drobno posiekane
- 3 zielone cebulki, posiekane
- (28 uncji) puszka pomidorów w puszce
- 1 łyżeczka suszonej bazylii
- $^{1}/_{2}$ łyżeczki suszonego majeranku
- 1 łyżeczka soli

- $1/4$ łyżeczki świeżo zmielonego czarnego pieprzu
- $1/3$ szklanki wegańskiego serka śmietankowego lub odsączonego miękkiego tofu
- 1 funt makaronu radiatore lub innego małego, kształtnego
- 2 łyżki posiekanej świeżej pietruszki do dekoracji

W dużym rondlu rozgrzej olej na średnim ogniu. Dodaj czosnek i zieloną cebulę i gotuj, aż będą pachnące, 1 minutę. Wymieszaj pomidory, bazylię, majeranek, sól i pieprz. Doprowadź sos do wrzenia, następnie zmniejsz ogień do małego i gotuj na wolnym ogniu przez 15 minut, od czasu do czasu mieszając.

W robocie kuchennym zmiksuj serek śmietankowy do uzyskania gładkiej konsystencji. Dodaj 2 szklanki sosu pomidorowego i zmiksuj do uzyskania gładkiej konsystencji. Zeskrob mieszankę tofu-pomidorową z powrotem do rondla z sosem pomidorowym, mieszając, aby się połączyły. Spróbuj, w razie potrzeby dopraw. Trzymaj w cieple na małym ogniu.

W dużym garnku z wrzącą, osoloną wodą ugotuj makaron na średnio-wysokim ogniu, mieszając od czasu do czasu, aż będzie al dente, około 10 minut. Dobrze odcedź i przełóż do dużej miski. Dodaj sos i delikatnie wymieszaj, aby połączyć. Posyp pietruszką i podawaj natychmiast.

## 36. Klasyczna lasagne z tofu

**Wystarczy na 6 porcji**

- 12 uncji makaronu lasagne
- 1 funt twardego tofu, odsączonego i pokruszonego
- 1 funt miękkiego tofu, odsączonego i pokruszonego
- 2 łyżki drożdży odżywczych
- 1 łyżeczka świeżego soku z cytryny
- 1 łyżeczka soli
- $^1/_4$ łyżeczki świeżo zmielonego czarnego pieprzu

- 3 łyżki posiekanej świeżej pietruszki
- $^1/_2$ szklanki wegańskiego parmezanu lub Parmasio
- 4 szklanki sosu marinara, domowego (patrz Sos marinara ) lub kupionego w sklepie

W garnku z wrzącą, osoloną wodą ugotuj makaron na średnio-wysokim ogniu, mieszając od czasu do czasu, aż będzie al dente, około 7 minut. Rozgrzej piekarnik do 350°F. W dużej misce połącz tofu twarde i miękkie. Dodaj drożdże odżywcze, sok z cytryny, sól, pieprz, pietruszka i $^1/_4$ szklanki parmezanu. Mieszaj, aż dobrze się połączą.

Nałóż warstwę sosu pomidorowego na dno naczynia do pieczenia o wymiarach 9 x 13 cali. Na wierzch połóż warstwę ugotowanego makaronu. Rozłóż połowę mieszanki tofu równomiernie na makaronie. Powtórz czynność z kolejną warstwą makaronu, a następnie warstwą sosu. Rozłóż pozostałą mieszankę tofu na wierzchu sosu i wykończ ostatnią warstwą makaronu i sosu. Posyp pozostałą $^1/_4$ szklanki parmezanu. Jeśli sos pozostanie, zachowaj go i podawaj na gorąco w misce obok lasagne.

Przykryj folią i piecz przez 45 minut. Zdejmij pokrywkę i piecz jeszcze 10 minut. Odstaw na 10 minut przed podaniem.

## 37. Lasagne z botwinką i szpinakiem

**Wystarczy na 6 porcji**

- 12 uncji makaronu lasagne
- 1 łyżka oliwy z oliwek
- 2 ząbki czosnku, drobno posiekane
- 8 uncji świeżego czerwonego boćwiny, z usuniętymi twardymi łodygami i grubo posiekanej
- 9 uncji świeżego młodego szpinaku, grubo posiekanego
- 1 funt twardego tofu, odsączonego i pokruszonego
- 1 funt miękkiego tofu, odsączonego i pokruszonego
- 2 łyżki drożdży odżywczych
- 1 łyżeczka świeżego soku z cytryny
- 2 łyżki posiekanej świeżej pietruszki liściastej
- 1 łyżeczka soli
- $1/4$ łyżeczki świeżo zmielonego czarnego pieprzu

- 3 $1/2$ szklanki sosu marinara, domowego lub kupionego w sklepie

W garnku z wrzącą, osoloną wodą ugotuj makaron na średnio-wysokim ogniu, mieszając od czasu do czasu, aż będzie al dente, około 7 minut. Rozgrzej piekarnik do 350°F.

Rozgrzej olej w dużym rondlu na średnim ogniu. Dodaj czosnek i smaż, aż będzie pachnący. Dodaj boćwinę i smaż, mieszając, aż zwiędnie, około 5 minut. Dodaj szpinak i smaż dalej, mieszając, aż zwiędnie, około 5 minut. Przykryj i smaż, aż zmięknie, około 3 minut. Zdejmij pokrywkę i odstaw do ostygnięcia. Gdy warzywa będą wystarczająco chłodne, odcedź pozostałą wilgoć z liści, naciskając je dużą łyżką, aby wycisnąć nadmiar płynu. Umieść liście w dużej misce. Dodaj tofu, drożdże odżywcze, sok z cytryny, pietruszkę, sól i pieprz. Mieszaj, aż dobrze się połączą.

Nałóż warstwę sosu pomidorowego na dno naczynia do pieczenia o wymiarach 9 x 13 cali. Na wierzch połóż warstwę makaronu. Rozłóż połowę mieszanki tofu równomiernie na makaronie. Powtórz z kolejną warstwą makaronu i warstwą sosu. Rozłóż pozostałą mieszankę tofu na wierzchu sosu i wykończ ostatnią warstwą makaronu, sosu i posyp parmezanem.

Przykryj folią i piecz przez 45 minut. Zdejmij pokrywkę i piecz jeszcze 10 minut. Odstaw na 10 minut przed podaniem.

## 38. Lasagne z pieczonymi warzywami

**Wystarczy na 6 porcji**

- 1 średnia cukinia pokrojona w plasterki o grubości $^1/_4$ cala
- 1 średni bakłażan pokrojony na plasterki o grubości $^1/_4$ cala
- 1 średnia czerwona papryka, pokrojona w kostkę
- 2 łyżki oliwy z oliwek
- Sól i świeżo zmielony czarny pieprz

- 8 uncji makaronu lasagne
- 1 funt twardego tofu, odsączonego, osuszonego i pokruszonego
- 1 funt miękkiego tofu, odsączonego, osuszonego i pokruszonego
- 2 łyżki drożdży odżywczych
- 2 łyżki posiekanej świeżej pietruszki liściastej
- 3 $1/2$ szklanki sosu marinara, domowego (patrz Sos marinara ) lub kupionego w sklepie

Rozgrzej piekarnik do 425°F. Rozłóż cukinię, bakłażana i paprykę na lekko natłuszczonej blasze do pieczenia o wymiarach 9 x 13 cali. Skrop oliwą i dopraw solą i czarnym pieprzem do smaku. Piecz warzywa, aż będą miękkie i lekko zrumienione, około 20 minut. Wyjmij z piekarnika i odstaw do ostygnięcia. Zmniejsz temperaturę piekarnika do 350°F.

W garnku z wrzącą, osoloną wodą ugotuj makaron na średnio-wysokim ogniu, mieszając od czasu do czasu, aż będzie al dente, około 7 minut. Odcedź i odstaw. W dużej misce połącz tofu z drożdżami odżywczymi, pietruszką oraz solą i pieprzem do smaku. Dobrze wymieszaj.

Aby złożyć, rozprowadź warstwę sosu pomidorowego na dnie naczynia do pieczenia o wymiarach 9 x 13 cali. Na sos połóż warstwę makaronu. Na makaron połóż połowę pieczonych warzyw, a następnie rozprowadź połowę mieszanki tofu na warzywach. Powtórz z kolejną warstwą makaronu i posyp większą ilością sosu. Powtórz proces układania warstw z pozostałymi warzywami i mieszanką tofu, kończąc warstwą makaronu i sosu. Posyp parmezanem na wierzchu.

Przykryj i piecz przez 45 minut. Zdejmij pokrywę i piecz przez kolejne 10 minut. Wyjmij z piekarnika i odstaw na 10 minut przed pokrojeniem.

## 39. Lasagne z radicchio i pieczarkami

**Wystarczy na 6 porcji**

- 1 łyżka oliwy z oliwek
- 2 ząbki czosnku, drobno posiekane
- 1 mała główka radicchio, poszatkowana
- 8 uncji pieczarek cremini, lekko opłukanych, osuszonych i pokrojonych w cienkie plasterki
- Sól i świeżo zmielony czarny pieprz
- 8 uncji makaronu lasagne
- 1 funt twardego tofu, odsączonego, osuszonego i pokruszonego
- 1 funt miękkiego tofu, odsączonego, osuszonego i pokruszonego

- 3 łyżki drożdży odżywczych
- 2 łyżki posiekanej świeżej pietruszki
- 3 szklanki sosu marinara, domowego (patrz Sos marinara ) lub kupionego w sklepie

Rozgrzej olej na dużej patelni na średnim ogniu. Dodaj czosnek, radicchio i pieczarki. Przykryj i gotuj, mieszając od czasu do czasu, aż będą miękkie, około 10 minut. Dopraw solą i pieprzem do smaku i odstaw.

W garnku z wrzącą, osoloną wodą ugotuj makaron na średnio-wysokim ogniu, mieszając od czasu do czasu, aż będzie al dente, około 7 minut. Odcedź i odstaw. Rozgrzej piekarnik do 350°F.

W dużej misce połącz twarde i miękkie tofu. Dodaj drożdże odżywcze i pietruszkę i mieszaj, aż dobrze się połączą. Wymieszaj z mieszanką radicchio i grzybów i dopraw solą i pieprzem do smaku.

Nałóż warstwę sosu pomidorowego na dno naczynia do pieczenia o wymiarach 9 x 13 cali. Na wierzch połóż warstwę makaronu. Rozłóż połowę mieszanki tofu równomiernie na makaronie. Powtórz z kolejną warstwą makaronu, a następnie warstwą sosu. Rozłóż pozostałą mieszankę tofu na wierzchu i wykończ ostatnią warstwą makaronu i sosu. Posyp wierzch zmielonymi orzechami włoskimi.

Przykryj folią i piecz przez 45 minut. Zdejmij pokrywkę i piecz jeszcze 10 minut. Odstaw na 10 minut przed podaniem.

## 40. Lasagne Primavera

**Wystarczy na 6–8 porcji**

- 8 uncji makaronu lasagne
- 2 łyżki oliwy z oliwek
- 1 mała żółta cebula, posiekana
- 3 ząbki czosnku, drobno posiekane
- 6 uncji jedwabistego tofu, odsączonego
- 3 szklanki zwykłego niesłodzonego mleka sojowego
- 3 łyżki drożdży odżywczych
- $1/8$ łyżeczki mielonej gałki muszkatołowej
- Sól i świeżo zmielony czarny pieprz
- 2 szklanki posiekanych różyczek brokuła
- 2 średnie marchewki, posiekane

- 1 mała cukinia, przekrojona wzdłuż na pół lub ćwiartki i pokrojona na plasterki o grubości $^1/_4$ cala
- 1 średnia czerwona papryka, posiekana
- 2 funty twardego tofu, odsączonego i osuszonego
- 2 łyżki posiekanej świeżej pietruszki liściastej
- $^1/_2$ szklanki wegańskiego parmezanu lub Parmasio
- $^1/_2$ szklanki zmielonych migdałów lub orzeszków piniowych

Rozgrzej piekarnik do 350°F. W garnku z wrzącą, osoloną wodą ugotuj makaron na średnio-wysokim ogniu, mieszając od czasu do czasu, aż będzie al dente, około 7 minut. Odcedź i odstaw.

Na małej patelni rozgrzej olej na średnim ogniu. Dodaj cebulę i czosnek, przykryj i gotuj, aż będą miękkie, około 5 minut. Przełóż mieszankę cebulową do blendera. Dodaj jedwabiste tofu, mleko sojowe, drożdże odżywcze, gałkę muszkatołową, i sól i pieprz do smaku. Zmiksuj na gładką masę i odstaw.

Ugotuj brokuły, marchewki, cukinię i paprykę na parze, aż będą miękkie. Zdejmij z ognia. Pokrusz twarde tofu do dużej miski. Dodaj pietruszkę i $^1/_4$ szklanki parmezanu, dopraw solą i pieprz do smaku. Mieszaj, aż składniki dobrze się połączą. Dodaj gotowane na parze warzywa i dobrze wymieszaj, dodając więcej soli i pieprzu, jeśli to konieczne.

Nałóż warstwę białego sosu na dno lekko naoliwionej formy do pieczenia o wymiarach 9 x 13 cali. Na wierzch połóż warstwę makaronu. Rozłóż połowę mieszanki tofu i warzyw równomiernie na makaronie. Powtórz z kolejną warstwą makaronu, a następnie warstwą sosu. Rozłóż pozostałą mieszankę tofu na wierzchu i zakończ ostatnią warstwą makaronu i sosu, kończąc pozostałą $1/4$ szklanki parmezanu. Przykryj folią i piecz przez 45 minut.

## 41. Lasagne z czarną fasolą i dynią

**Wystarczy na 6–8 porcji**

- 12 makaronów do lasagne
- 1 łyżka oliwy z oliwek
- 1 średnia żółta cebula, posiekana
- 1 średnia czerwona papryka, posiekana
- 2 ząbki czosnku, drobno posiekane
- 1 $^1/_2$ szklanki ugotowanej lub 1 (15,5-uncjowa) puszka czarnej fasoli, odsączonej i wypłukanej
- (14,5 uncji) puszka pomidorów w puszce
- 2 łyżeczki chili w proszku
- Sól i świeżo zmielony czarny pieprz
- 1 funt twardego tofu, dobrze odsączonego
- 3 łyżki posiekanej świeżej pietruszki lub kolendry
- 1 (16-uncjowa) puszka puree z dyni
- 3 szklanki salsy pomidorowej, domowej roboty (patrz Świeża salsa pomidorowa ) lub kupionej w sklepie

W garnku z wrzącą, osoloną wodą ugotuj makaron na średnio-wysokim ogniu, mieszając od czasu do czasu, aż będzie al dente, około 7 minut. Odcedź i odstaw. Rozgrzej piekarnik do 375°F.

Rozgrzej olej na dużej patelni na średnim ogniu. Dodaj cebulę, przykryj i smaż, aż zmięknie. Dodaj paprykę i czosnek i smaż, aż zmiękną, przez kolejne 5 minut. Dodaj fasolę, pomidory, 1 łyżeczkę chili w proszku oraz sól i czarny pieprz do smaku. Dobrze wymieszaj i odstaw.

W dużej misce wymieszaj tofu, pietruszkę, pozostałą 1 łyżeczkę chili w proszku oraz sól i czarny pieprz do smaku. Odstaw. W średniej misce wymieszaj dynię z salsą i wymieszaj, aby dobrze się połączyły. Dopraw solą i pieprzem do smaku.

Rozłóż około ¾ szklanki mieszanki dyniowej na dnie naczynia do pieczenia o wymiarach 9 x 13 cali. Nałóż na nie 4 makarony. Nałóż połowę mieszanki fasolowej, a następnie połowę mieszanki tofu. Nałóż na nie 4 makarony, a następnie warstwę mieszanki dyniowej, a następnie pozostałą mieszankę fasolową, a na wierzch resztę makaronu. Rozłóż pozostałą mieszankę tofu na makaronie, a następnie pozostałą mieszankę dyniową, rozprowadzając ją do krawędzi naczynia.

Przykryj folią i piecz, aż będzie gorące i bulgoczące, około 50 minut. Odkryj, posyp pestkami dyni i odstaw na 10 minut przed podaniem.

## 42. Manicotti faszerowane boćwiną

**Wystarczy na 4 porcje**

- 12 manicotti
- 3 łyżki oliwy z oliwek
- 1 mała cebula, posiekana
- 1 średni pęczek boćwiny, twarde łodygi przycięte i posiekane
- 1 funt twardego tofu, odsączonego i pokruszonego
- Sól i świeżo zmielony czarny pieprz
- 1 szklanka surowych orzechów nerkowca
- 3 szklanki zwykłego niesłodzonego mleka sojowego

- $1/_8$ łyżeczki mielonej gałki muszkatołowej
- $1/_8$ łyżeczki mielonego pieprzu cayenne
- 1 szklanka suchych, nieprzyprawionych okruchów chleba

Rozgrzej piekarnik do 350°F. Lekko natłuść naczynie do pieczenia o wymiarach 9 x 13 cali i odstaw.

W garnku z wrzącą, osoloną wodą ugotuj manicotti na średnio-wysokim ogniu, mieszając od czasu do czasu, aż będą al dente, około 8 minut. Dobrze odcedź i przelej zimną wodą. Odstaw.

Na dużej patelni rozgrzej 1 łyżkę oleju na średnim ogniu. Dodaj cebulę, przykryj i smaż, aż zmięknie, około 5 minut. Dodaj boćwinę, przykryj i smaż, aż boćwina zmięknie, mieszając od czasu do czasu, około 10 minut. Zdejmij z ognia i dodaj tofu, mieszając, aby dobrze się wymieszało. Dopraw solą i pieprzem do smaku i odstaw.

W blenderze lub robocie kuchennym zmiel orzechy nerkowca na proszek. Dodaj 1 $1/_2$ szklanki mleka sojowego, gałkę muszkatołową, pieprz cayenne i sól do smaku. Miksuj do uzyskania gładkiej konsystencji. Dodaj pozostałe 1 $1/_2$ szklanki mleka sojowego i miksuj do uzyskania kremowej konsystencji. Spróbuj, w razie potrzeby dopraw.

Rozłóż warstwę sosu na dnie przygotowanego naczynia do pieczenia. Wyłóż około $1/_3$ szklanki farsz z boćwiny do manicotti. Ułóż nadziewane manicotti w jednej warstwie w naczyniu do pieczenia. Resztę sosu wlać na manicotti. W małej misce wymieszać bułkę tartą z pozostałymi 2 łyżkami oliwy i posypać manicotti. Przykryć folią i piec, aż będzie gorące i bulgoczące, około 30 minut. Podawać natychmiast

## 43. Manicotti ze szpinakiem

**Wystarczy na 4 porcje**

- 12 manicotti
- 1 łyżka oliwy z oliwek
- 2 średnie szalotki, posiekane
- 2 (10-uncjowe) opakowania mrożonego siekanego szpinaku, rozmrożonego
- 1 funt tofu bardzo twardego, odsączonego i pokruszonego
- $^1/_4$ łyżeczki mielonej gałki muszkatołowej
- Sól i świeżo zmielony czarny pieprz
- 1 szklanka uprażonych kawałków orzechów włoskich
- 1 szklanka miękkiego tofu, odsączonego i pokruszonego
- $^1/_4$ szklanki drożdży odżywczych
- 2 szklanki zwykłego niesłodzonego mleka sojowego

- 1 szklanka suchych okruchów chleba

Rozgrzej piekarnik do 350°F. Lekko natłuść naczynie do pieczenia o wymiarach 9 x 13 cali. W garnku z wrzącą, osoloną wodą gotuj manicotti na średnio-wysokim ogniu, mieszając od czasu do czasu, aż będzie al dente, około 10 minut. Dobrze odcedź i przelej zimną wodą. Odstaw.

Rozgrzej olej na średnim ogniu na dużej patelni. Dodaj szalotki i smaż, aż zmiękną, około 5 minut. Wyciśnij szpinak, aby usunąć jak najwięcej płynu i dodaj do szalotek. Dopraw gałką muszkatołową, solą i pieprzem do smaku i smaż przez 5 minut, mieszając, aby smaki się połączyły. Dodaj tofu extra-firm i mieszaj, aby dobrze się połączyło. Odstaw na bok.

W robocie kuchennym zmiel orzechy włoskie na drobne kawałki. Dodaj miękkie tofu, drożdże odżywcze, mleko sojowe oraz sól i pieprz do smaku. Zmiksuj na gładką masę.

Rozłóż warstwę sosu orzechowego na dnie przygotowanego naczynia do pieczenia. Napełnij manicotti farszem. Ułóż nadziewane manicotti w jednej warstwie w naczyniu do pieczenia. Nałóż łyżką pozostały sos na wierzch. Przykryj folią i piecz, aż będzie gorące, około 30 minut. Odkryj, posyp bułką tartą i piecz przez kolejne 10 minut, aby lekko zrumienić wierzch. Podawaj natychmiast

## 44. Roladki Lasagne

**Wystarczy na 4 porcje**

- 12 makaronów do lasagne
- 4 szklanki lekko ubitego świeżego szpinaku
- 1 szklanka ugotowanej lub konserwowanej białej fasoli, odsączonej i wypłukanej
- 1 funt twardego tofu, odsączonego i osuszonego
- $1/2$ łyżeczki soli
- $1/4$ łyżeczki świeżo zmielonego czarnego pieprzu
- $1/8$ łyżeczki mielonej gałki muszkatołowej
- 3 szklanki sosu marinara, domowego (patrz Sos marinara ) lub kupionego w sklepie

Rozgrzej piekarnik do 350°F. W garnku z wrzącą, osoloną wodą gotuj makaron na średnio-wysokim ogniu, mieszając od czasu do czasu, aż będzie al dente, około 7 minut.

Umieść szpinak w naczyniu nadającym się do mikrofalówki z 1 łyżką wody. Przykryj i podgrzewaj w mikrofalówce przez 1 minutę, aż zwiędnie. Wyjmij z miski, wyciśnij pozostały płyn. Przełóż szpinak do robota kuchennego i zmiksuj, aby posiekać. Dodaj fasolę, tofu, sól i pieprz i miksuj, aż składniki dobrze się połączą. Odstaw.

Aby złożyć roladki, rozłóż makaron na płaskiej powierzchni roboczej. Rozłóż około 3 łyżek mieszanki tofu-szpinaku na powierzchni każdego makaronu i zwiń. Powtórz z pozostałymi składnikami. Rozłóż warstwę sosu pomidorowego na dnie płytkiego naczynia do zapiekania. Połóż roladki pionowo na wierzchu sosu i nałóż łyżką trochę pozostałego sosu na każdy wałek. Przykryj folią i piecz przez 30 minut. Podawaj natychmiast.

## 45. Ravioli z dyni z groszkiem

**Wystarczy na 4 porcje**

- 1 szklanka puree z dyni w puszce
- $^1/_2$ szklanki bardzo twardego tofu, dobrze odsączonego i pokruszonego
- 2 łyżki posiekanej świeżej pietruszki

- Szczypta zmielonej gałki muszkatołowej
- Sól i świeżo zmielony czarny pieprz
- 1 przepis na ciasto makaronowe bez jajek
- 2 lub 3 średnie szalotki przekrojone wzdłuż na pół i pokrojone na plasterki o grubości $^1/_4$ cala
- 1 szklanka mrożonego młodego groszku, rozmrożonego

Użyj ręcznika papierowego, aby odsączyć nadmiar płynu z dyni i tofu, a następnie połącz w robocie kuchennym z drożdżami odżywczymi, pietruszką, gałką muszkatołową oraz solą i pieprzem do smaku. Odstaw.

Aby zrobić ravioli, rozwałkuj ciasto makaronowe cienko na lekko posypanej mąką powierzchni. Pokrój ciasto na

Paski o szerokości 2 cali. Nałóż 1 czubatą łyżeczkę farszu na 1 pasek makaronu, około 1 cala od góry. Nałóż kolejną łyżeczkę farszu na pasek makaronu, około cala poniżej pierwszej łyżki farszu. Powtórz na całej długości paska ciasta. Lekko zwilż brzegi ciasta wodą i połóż drugi pasek makaronu na wierzchu pierwszego, przykrywając farsz. Dociśnij dwie warstwy ciasta do siebie między porcjami farszu. Użyj noża, aby przyciąć boki ciasta, aby było proste, a następnie przetnij ciasto w poprzek między każdą górką farszu, aby uzyskać kwadratowe ravioli. Pamiętaj, aby wycisnąć kieszenie powietrzne wokół farszu przed zamknięciem. Użyj zębów widelca, aby docisnąć brzegi ciasta, aby zamknąć ravioli. Przenieś ravioli na posypany mąką talerz i powtórz z pozostałym ciastem i sosem. Odstaw na bok.

Rozgrzej olej na dużej patelni na średnim ogniu. Dodaj szalotki i smaż, mieszając od czasu do czasu, aż szalotki będą głęboko złocistobrązowe, ale nie spalone, około 15 minut. Dodaj groszek i dopraw solą i pieprzem do smaku. Trzymaj w cieple na bardzo małym ogniu.

W dużym garnku z wrzącą, osoloną wodą gotuj ravioli, aż wypłyną na powierzchnię, około 5 minut. Dobrze odcedź i przełóż na patelnię z szalotkami i groszkiem. Gotuj przez minutę lub dwie, aby wymieszać smaki, a następnie przełóż do dużej miski. Dopraw dużą ilością pieprzu i podawaj natychmiast.

## 46. Ravioli z karczochami i orzechami włoskimi

**Wystarczy na 4 porcje**

- $^1/_3$ szklanki plus 2 łyżki oliwy z oliwek
- 3 ząbki czosnku, drobno posiekane
- 1 opakowanie (10 uncji) mrożonego szpinaku, rozmrożonego i odciśniętego
- 1 szklanka mrożonych serc karczochów, rozmrożonych i posiekanych
- $^1/_3$ szklanki twardego tofu, odsączonego i pokruszonego
- 1 szklanka uprażonych kawałków orzechów włoskich
- $^1/_4$ szklanki ściśle upakowanej świeżej pietruszki
- Sól i świeżo zmielony czarny pieprz
- 1 przepis na ciasto makaronowe bez jajek
- 12 świeżych liści szałwii

Na dużej patelni rozgrzej 2 łyżki oleju na średnim ogniu. Dodaj czosnek, szpinak i serca karczochów. Przykryj i gotuj, aż czosnek zmięknie, a płyn zostanie wchłonięty, około 3 minut, od czasu do czasu mieszając. Przełóż mieszankę do robota kuchennego. Dodaj tofu, $1/4$ szklanki orzechów włoskich, pietruszkę, sól i pieprz do smaku. Miksuj, aż będą drobno posiekane i dokładnie wymieszane.

Odstawić do ostygnięcia.

Aby przygotować ravioli, rozwałkuj ciasto na bardzo cienko (około $1/8$ cala) na lekko posypanej mąką powierzchni i pokrój go na paski o szerokości 2 cali. Nałóż 1 czubatą łyżeczkę farszu na pasek makaronu, około 1 cala od góry. Nałóż kolejną łyżeczkę farszu na pasek makaronu, około 1 cala poniżej pierwszej łyżki farszu. Powtórz na całej długości paska ciasta.

Lekko zwilż brzegi ciasta wodą i połóż drugi pasek makaronu na pierwszym, tak aby przykrył nadzienie.

Złóż dwie warstwy ciasta między porcjami nadzienia. Użyj noża, aby przyciąć boki ciasta, aby było proste, a następnie przetnij ciasto w poprzek między każdą porcją nadzienia, aby uzyskać kwadratowe ravioli. Użyj zębów widelca, aby docisnąć wzdłuż krawędzi ciasta, aby zamknąć ravioli. Przenieś ravioli na oprószony mąką talerz i powtórz z pozostałym ciastem i nadzieniem.

Gotuj ravioli w dużym garnku z wrzącą, osoloną wodą, aż wypłyną na wierzch, około 7 minut. Dobrze odcedź i odstaw. Na dużej patelni rozgrzej pozostałą $1/3$ szklanki oleju na średnim ogniu. Dodaj szałwię i pozostałe ¾ szklanki orzechów włoskich i gotuj, aż szałwia stanie się chrupiąca, a orzechy włoskie nabiorą aromatu.

Dodaj ugotowane ravioli i gotuj, delikatnie mieszając, aby pokryć je sosem i podgrzać. Podawaj natychmiast.

## 47. Tortellini z sosem pomarańczowym

**Wystarczy na 4 porcje**

- 1 łyżka oliwy z oliwek
- 3 ząbki czosnku, drobno posiekane
- 1 szklanka twardego tofu, odsączonego i pokruszonego
- ¾ szklanki posiekanej świeżej pietruszki
- ¼ szklanki wegańskiego parmezanu lub Parmasio
- Sól i świeżo zmielony czarny pieprz
- 1 przepis na ciasto makaronowe bez jajek
- 2 ½ szklanki sosu marinara, domowego (patrz Sos marinara ) lub kupionego w sklepie Skórka z 1 pomarańczy

- $^1/_2$ łyżeczki zmielonej czerwonej papryki
- $^1/_2$ szklanki śmietanki sojowej lub zwykłego niesłodzonego mleka sojowego

Rozgrzej olej na dużej patelni na średnim ogniu. Dodaj czosnek i smaż, aż zmięknie, około 1 minuty. Dodaj tofu, pietruszkę, parmezan oraz sól i czarny pieprz do smaku. Mieszaj, aż składniki dobrze się połączą. Odstaw do ostygnięcia.

Aby przygotować tortellini, rozwałkuj ciasto na cienko (około $^1/_8$ cala) i pokrój na kwadraty o wymiarach 2 $^1/_2$ cala. Umieść

1 łyżeczkę farszu tuż poza środkiem i złóż jeden róg kwadratu makaronu nad farszem, aby utworzyć trójkąt. Złóż krawędzie razem, aby je uszczelnić, a następnie owiń trójkąt, środkiem w dół, wokół palca wskazującego, dociskając końce, aby się przykleiły. Złóż czubek trójkąta i zsuń go z palca. Odłóż na lekko posypany mąką talerz i kontynuuj z resztą ciasta i farszu.

W dużym rondlu wymieszaj sos marinara, skórkę pomarańczową i zmiażdżoną czerwoną paprykę. Podgrzewaj, aż będzie gorący, następnie wmieszaj śmietankę sojową i utrzymuj ciepło na bardzo małym ogniu.

W garnku z wrzącą, osoloną wodą gotuj tortellini, aż wypłyną na powierzchnię, około 5 minut. Dobrze odcedź i przełóż do dużej miski. Dodaj sos i delikatnie wymieszaj, aby połączyć. Podawaj natychmiast.

# 48. Warzywny Lo Mein z Tofu

**Wystarczy na 4 porcje**

- 12 uncji linguine
- 1 łyżka oleju sezamowego prażonego
- 3 łyżki sosu sojowego
- 2 łyżki wytrawnego sherry
- 1 łyżka wody
- Szczypta cukru
- 1 łyżka mąki kukurydzianej

- 2 łyżki oleju rzepakowego lub z pestek winogron
- 1 funt bardzo twardego tofu, odsączonego i pokrojonego w kostkę
- 1 średnia cebula, przekrojona na pół i pokrojona w cienkie plasterki
- 3 szklanki małych różyczek brokuła
- 1 średnia marchewka, pokrojona w plasterki o grubości $1/4$ cala
- 1 szklanka pokrojonych świeżych grzybów shiitake lub białych
- 2 ząbki czosnku, drobno posiekane
- 2 łyżeczki startego świeżego imbiru
- 2 zielone cebulki, posiekane

W dużym garnku z wrzącą, osoloną wodą gotuj linguine, mieszając od czasu do czasu, aż będzie miękkie, około 10 minut. Dobrze odcedź i przełóż do miski. Dodaj 1 łyżeczkę oleju sezamowego i wymieszaj, aby pokryć. Odstaw.

W małej misce wymieszaj sos sojowy, sherry, wodę, cukier i pozostałe 2 łyżeczki oleju sezamowego. Dodaj skrobię kukurydzianą i mieszaj, aż się rozpuści. Odstaw.

Na dużej patelni lub woku rozgrzej 1 łyżkę stołową rzepaku na średnio-wysokim ogniu. Dodaj tofu i smaż, aż będzie złocistobrązowe, około 10 minut. Wyjmij z patelni i odstaw.

Rozgrzej pozostały olej rzepakowy na tej samej patelni. Dodaj cebulę, brokuły i marchewkę i smaż, aż będą prawie miękkie, około 7 minut. Dodaj pieczarki, czosnek, imbir i zieloną cebulę i smaż przez 2 minuty. Wymieszaj z sosem i ugotowanym linguine i wymieszaj. Gotuj, aż będą ciepłe. Spróbuj, dopraw do smaku i dodaj więcej sosu sojowego, jeśli to konieczne. Podawaj natychmiast.

## 49. Pad Thai

**Wystarczy na 4 porcje**

- 12 uncji suszonego makaronu ryżowego
- $^1/_3$ szklanki sosu sojowego
- 2 łyżki świeżego soku z limonki
- 2 łyżki jasnobrązowego cukru
- 1 łyżka pasty z tamaryndowca (patrz przypis)
- 1 łyżka koncentratu pomidorowego
- 3 łyżki wody
- $^1/_2$ łyżeczki zmielonej czerwonej papryki
- 3 łyżki oleju rzepakowego lub z pestek winogron
- 1 funt tofu ekstra-twardego, odsączonego, odciśniętego (patrz Tofu ) i pokrojonego w kostkę o wymiarach $^1/_2$ cala

- 4 zielone cebulki, posiekane
- 2 ząbki czosnku, drobno posiekane
- $^1/_3$ szklanki grubo posiekanych, suchych, prażonych, niesolonych orzeszków ziemnych
- 1 szklanka kiełków fasoli, do dekoracji
- 1 limonka pokrojona w ćwiartki, do dekoracji

Namocz makaron w dużej misce z gorącą wodą, aż zmięknie, od 5 do 15 minut, w zależności od grubości makaronu. Dobrze odcedź i opłucz zimną wodą. Przełóż odcedzony makaron do dużej miski i odstaw.

W małej misce wymieszaj sos sojowy, sok z limonki, cukier, pastę z tamaryndowca, pastę pomidorową, wodę i zmiażdżoną czerwoną paprykę. Wymieszaj, aby dobrze się połączyły i odstaw.
Na dużej patelni lub woku rozgrzej 2 łyżki oleju na średnim ogniu. Dodaj tofu i smaż, aż będzie złocistobrązowe, około 5 minut. Przełóż na półmisek i odstaw.
Na tej samej patelni lub woku rozgrzej pozostałą 1 łyżkę oleju na średnim ogniu. Dodaj cebulę i smaż przez 1 minutę. Dodaj zieloną cebulę i czosnek, smaż przez 30 sekund, a następnie dodaj ugotowane tofu i smaż około 5 minut, od czasu do czasu mieszając, aż do uzyskania złotego koloru. Dodaj ugotowany makaron i wymieszaj, aby połączyć i podgrzać.
Wymieszaj z sosem i gotuj, mieszając, aby pokryć potrawę, dodając odrobinę lub dwie dodatkowej wody, jeśli to konieczne , aby zapobiec przywieraniu. Kiedy makaron będzie gorący i miękki, nałóż go na półmisek i posyp orzeszkami ziemnymi i kolendrą. Udekoruj kiełkami fasoli i ćwiartkami limonki z boku półmiska. Podawaj na gorąco.

## 50. Pijany Spaghetti z Tofu

**Wystarczy na 4 porcje**

- 12 uncji spaghetti
- 3 łyżki sosu sojowego
- 1 łyżka wegetariańskiego sosu ostrygowego (opcjonalnie)
- 1 łyżeczka jasnobrązowego cukru
- 8 uncji tofu bardzo twardego, odsączonego i odciśniętego (patrz Tofu )
- 2 łyżki oleju rzepakowego lub z pestek winogron
- 1 średnia czerwona cebula, pokrojona w cienkie plasterki

- 1 średnia czerwona papryka, pokrojona w cienkie plasterki
- 1 szklanka groszku cukrowego, przyciętego
- 2 ząbki czosnku, drobno posiekane
- $^1/_2$ łyżeczki zmielonej czerwonej papryki
- 1 szklanka świeżych liści tajskiej bazylii

W garnku z wrzącą, osoloną wodą ugotuj spaghetti na średnio-wysokim ogniu, mieszając od czasu do czasu, aż będzie al dente, około 8 minut. Dobrze odcedź i przełóż do dużej miski. W małej misce połącz sos sojowy, sos ostrygowy, jeśli używasz, i cukier. Dobrze wymieszaj, a następnie wlej na odłożony spaghetti, mieszając, aby pokryć. Odstaw.

Pokrój tofu w paski o grubości $^1/_2$ cala. Na dużej patelni lub woku rozgrzej 1 łyżkę oleju na średnio-wysokim ogniu. Dodaj tofu i smaż, aż będzie złote, około 5 minut. Wyjmij z patelni i odstaw.

Wróć patelnię na ogień i dodaj pozostałą 1 łyżkę oleju rzepakowego. Dodaj cebulę, paprykę, groszek cukrowy, czosnek i zmiażdżoną czerwoną paprykę. Smaż, aż warzywa będą prawie miękkie, około 5 minut. Dodaj ugotowany makaron spaghetti i mieszankę sosu, ugotowane tofu i bazylię i smaż, aż będą gorące, około 4 minut.

# TEMPEH

## 51. Spaghetti w stylu Carbonara

**Wystarczy na 4 porcje**

- 2 łyżki oliwy z oliwek
- 3 średnie szalotki, posiekane
- 4 uncje boczku tempeh, domowego (patrz Boczek tempeh ) lub kupionego w sklepie, posiekanego
- 1 szklanka zwykłego niesłodzonego mleka sojowego
- $^1/_2$ szklanki miękkiego lub jedwabistego tofu, odsączonego
- $^1/_4$ szklanki drożdży odżywczych
- Sól i świeżo zmielony czarny pieprz
- 1 funt spaghetti
- 3 łyżki posiekanej świeżej pietruszki

Rozgrzej olej na dużej patelni na średnim ogniu. Dodaj szalotki i smaż, aż będą miękkie, około 5 minut. Dodaj boczek tempeh i smaż, często mieszając, aż lekko się zrumieni, około 5 minut. Odstaw.

W blenderze wymieszaj mleko sojowe, tofu, drożdże odżywcze oraz sól i pieprz do smaku. Zmiksuj do uzyskania gładkiej konsystencji. Odstaw.

W dużym garnku z wrzącą, osoloną wodą ugotuj spaghetti na średnio-wysokim ogniu, mieszając od czasu do czasu, aż będzie al dente, około 10 minut. Dobrze odcedź i przełóż do dużej miski. Dodaj mieszankę tofu, $1/4$ szklanki parmezanu i całą mieszankę boczku tempeh oprócz 2 łyżek.

Delikatnie wymieszaj, aby połączyć i doprawić do smaku, w razie potrzeby dopraw, dodając odrobinę mleka sojowego, jeśli jest zbyt suche. Na wierzchu posyp kilkoma zmielonymi pieprzem, pozostałym boczkiem tempeh, pozostałym parmezanem i pietruszką. Podawaj natychmiast.

## 51. Tempeh i smażone warzywa

**Wystarczy na 4 porcje**

- 10 uncji tempehu
- Sól i świeżo zmielony czarny pieprz
- 2 łyżeczki mąki kukurydzianej
- 4 szklanki małych różyczek brokuła
- 2 łyżki oleju rzepakowego lub z pestek winogron
- 2 łyżki sosu sojowego
- 2 łyżki wody
- 1 łyżka mirinu
- $^1/_2$ łyżeczki zmielonej czerwonej papryki
- 2 łyżeczki prażonego oleju sezamowego
- 1 średnia czerwona papryka, pokrojona w plasterki o grubości $^1/_{2\ cala}$
- 6 uncji białych pieczarek, lekko opłukanych, osuszonych i pokrojonych na plasterki o grubości $^1/_2$ cala
- 2 ząbki czosnku, drobno posiekane

- 3 łyżki posiekanej zielonej cebulki
- 1 łyżeczka startego świeżego imbiru

W średnim rondlu z gotującą się wodą gotuj tempeh przez 30 minut. Odcedź, osusz i odstaw do ostygnięcia. Pokrój tempeh w kostki o wymiarach $1/2$ cala i umieść w płytkiej misce. Dopraw solą i czarnym pieprzem do smaku, posyp mąką kukurydzianą i wymieszaj, aby pokryć. Odstaw.

Lekko ugotuj brokuły na parze, aż będą prawie miękkie, około 5 minut. Przelej zimną wodą, aby zatrzymać proces gotowania i zachować jasnozielony kolor. Odstaw.

Na dużej patelni lub woku rozgrzej 1 łyżkę oleju rzepakowego na średnio-wysokim ogniu. Dodaj tempeh i smaż, aż będzie złocistobrązowy, około 5 minut. Wyjmij z patelni i odstaw.

W małej misce wymieszaj sos sojowy, wodę, mirin, zmiażdżoną czerwoną paprykę i olej sezamowy. Odstaw.

Rozgrzej tę samą patelnię na średnio-wysokim ogniu. Dodaj pozostałą 1 łyżkę oleju rzepakowego. Dodaj paprykę i pieczarki i smaż, aż zmiękną, około 3 minut. Dodaj czosnek, zieloną cebulę i imbir i smaż przez 1 minutę. Dodaj gotowany na parze brokuł i smażony tempeh i smaż przez 1 minutę. Wymieszaj z mieszanką sosu sojowego i smaż, aż tempeh i warzywa będą gorące i dobrze pokryte sosem. Podawaj natychmiast.

## 52. Tempeh teriyaki

**Wystarczy na 4 porcje**

- 1 funt tempehu pokrojonego na plasterki o grubości $^1/_4$ cala
- $^1/_4$ szklanki świeżego soku z cytryny
- 1 łyżeczka posiekanego czosnku
- 2 łyżki posiekanej zielonej cebulki
- 2 łyżeczki startego świeżego imbiru
- 1 łyżka cukru
- 2 łyżki oleju sezamowego prażonego
- 1 łyżka mąki kukurydzianej
- 2 łyżki wody
- 2 łyżki oleju rzepakowego lub z pestek winogron

W średnim rondlu z gotującą się wodą gotuj tempeh przez 30 minut. Odcedź i umieść w dużym płytkim naczyniu. W małej misce wymieszaj sos sojowy, sok z cytryny, czosnek, zieloną cebulę, imbir, cukier, olej sezamowy, skrobię kukurydzianą i wodę. Dobrze wymieszaj, a następnie wlej marynatę na ugotowany tempeh, obracając, aby pokryć. Marynuj tempeh przez 1 godzinę.

Rozgrzej olej rzepakowy na dużej patelni na średnim ogniu. Wyjmij tempeh z marynaty, zachowując marynatę. Dodaj tempeh do gorącej patelni i smaż, aż będzie złocistobrązowy z obu stron, około 4 minut z każdej strony. Dodaj zachowaną marynatę i gotuj na wolnym ogniu, aż płyn zgęstnieje, około 8 minut. Podawaj natychmiast.

## 53. Tempeh z grilla

**Wystarczy na 4 porcje**

- 1 funt tempehu pokrojonego na 2-calowe paski
- 2 łyżki oliwy z oliwek
- 1 średnia cebula, posiekana
- 1 średnia czerwona papryka, posiekana
- 2 ząbki czosnku, drobno posiekane
- (14,5 uncji) puszka pomidorów w puszce
- 2 łyżki ciemnej melasy
- 2 łyżki octu jabłkowego
- łyżka sosu sojowego
- 2 łyżeczki ostrej brązowej musztardy
- 1 łyżka cukru
- $1/2$ łyżeczki soli
- $1/4$ łyżeczki mielonego ziela angielskiego
- $1/4$ łyżeczki mielonego pieprzu cayenne

W średnim rondlu z gotującą się wodą gotuj tempeh przez 30 minut. Odcedź i odstaw.

W dużym rondlu rozgrzej 1 łyżkę oleju na średnim ogniu. Dodaj cebulę, paprykę i czosnek. Przykryj i gotuj, aż zmiękną, około 5 minut. Wymieszaj pomidory, melasę, ocet, sos sojowy, musztardę, cukier, sól, ziele angielskie i pieprz cayenne i doprowadź do wrzenia. Zmniejsz ogień do niskiego i gotuj na wolnym ogniu, bez przykrycia, przez 20 minut.

Na dużej patelni rozgrzej pozostałą 1 łyżkę oleju na średnim ogniu. Dodaj tempeh i smaż, aż będzie złocistobrązowy, obracając raz, około 10 minut. Dodaj tyle sosu, aby hojnie pokryć tempeh. Przykryj i gotuj na wolnym ogniu, aby smaki się połączyły, około 15 minut. Podawaj natychmiast.

## 54. Tempeh pomarańczowo-bourbonowy

**Wystarczy na 4–6 porcji**

- 2 szklanki wody
- $^1/_2$ szklanki sosu sojowego
- cienkie plasterki świeżego imbiru
- 2 ząbki czosnku, pokrojone w plasterki
- 1 funt tempehu pokrojonego w cienkie plasterki
- Sól i świeżo zmielony czarny pieprz
- $^1/_4$ szklanki oleju rzepakowego lub z pestek winogron
- 1 łyżka jasnobrązowego cukru
- $^1/_8$ łyżeczki mielonego ziela angielskiego
- $^1/_3$ szklanki świeżego soku pomarańczowego
- $^1/_4$ szklanki bourbonu lub 5 plasterków pomarańczy przekrojonych na pół
- 1 łyżka mąki kukurydzianej wymieszana z 2 łyżkami wody

W dużym rondlu wymieszaj wodę, sos sojowy, imbir, czosnek i skórkę pomarańczową. Umieść tempeh w marynacie i doprowadź do wrzenia. Zmniejsz ogień do małego i gotuj na wolnym ogniu przez 30 minut. Wyjmij tempeh z marynaty, zachowując marynatę. Posyp tempeh solą i pieprzem do smaku. Umieść mąkę w płytkiej misce. Obtocz ugotowany tempeh w mące i odstaw.

Rozgrzej olej na średnim ogniu na dużej patelni. Dodaj tempeh, w razie potrzeby partiami, i smaż, aż zbrązowieje z obu stron, około 4 minuty z każdej strony. Stopniowo wmieszaj odłożoną marynatę. Dodaj cukier, ziele angielskie, sok pomarańczowy i bourbon. Nałóż na tempeh plasterki pomarańczy. Przykryj i gotuj na wolnym ogniu, aż sos stanie się syropowy, a smaki się połączą, około 20 minut.

Użyj łyżki cedzakowej lub szpatułki, aby wyjąć tempeh z patelni i przełożyć go na półmisek. Trzymaj w cieple. Dodaj mieszankę mąki kukurydzianej do sosu i gotuj, mieszając, aż zgęstnieje. Zmniejsz ogień do małego i gotuj na wolnym ogniu, bez przykrycia, stale mieszając, aż sos zgęstnieje. Wylej sos na tempeh i podawaj natychmiast.

## 55. Tempeh i słodkie ziemniaki

**Wystarczy na 4 porcje**

- 1 funt tempehu
- 2 łyżki sosu sojowego
- 1 łyżeczka mielonej kolendry
- $^{1}/_{2}$ łyżeczki kurkumy
- 2 łyżki oliwy z oliwek
- 3 duże szalotki, posiekane
- 1 lub 2 średnie słodkie ziemniaki, obrane i pokrojone w kostkę o wymiarach $^{1}/_{2}$ cala
- 2 łyżeczki startego świeżego imbiru
- 1 szklanka soku ananasowego
- 2 łyżeczki jasnobrązowego cukru
- Sok z 1 limonki

W średnim rondlu z gotującą się wodą gotuj tempeh przez 30 minut. Przełóż go do płytkiej miski. Dodaj 2 łyżki sosu sojowego, kolendrę i kurkumę, mieszając, aby pokryć. Odstaw.

Na dużej patelni rozgrzej 1 łyżkę oleju na średnim ogniu. Dodaj tempeh i smaż, aż zbrązowieje z obu stron, około 4 minut z każdej strony. Wyjmij z patelni i odstaw.

Na tej samej patelni rozgrzej pozostałe 2 łyżki oleju na średnim ogniu. Dodaj szalotki i słodkie ziemniaki. Przykryj i gotuj, aż lekko zmiękną i lekko się zrumienią, około 10 minut. Dodaj imbir, sok ananasowy, pozostałą 1 łyżkę sosu sojowego i cukier, mieszając, aby się połączyły. Zmniejsz ogień do niskiego, dodaj ugotowany tempeh, przykryj i gotuj, aż ziemniaki będą miękkie, około 10 minut. Przełóż tempeh i słodkie ziemniaki na półmisek i trzymaj w cieple. Wymieszaj sok z limonki z sosem i gotuj na wolnym ogniu przez 1 minutę, aby smaki się połączyły. Skrop sosem tempeh i podawaj natychmiast.

## 56. Tempeh kreolski

**Wystarczy na 4–6 porcji**

- 1 funt tempehu pokrojonego na plasterki o grubości $^1/_4$ cala
- $^1/_4$ szklanki sosu sojowego
- 2 łyżki przyprawy kreolskiej
- $^1/_2$ szklanki mąki uniwersalnej
- 2 łyżki oliwy z oliwek
- 1 średnia słodka żółta cebula, posiekana
- 2 łodygi selera, posiekane
- 1 średnia zielona papryka, posiekana
- 3 ząbki czosnku, posiekane
- 1 (14,5 uncji) puszka pokrojonych w kostkę pomidorów, odsączonych
- 1 łyżeczka suszonego tymianku
- $^1/_2$ szklanki wytrawnego białego wina
- Sól i świeżo zmielony czarny pieprz

Umieść tempeh w dużym rondlu z wystarczającą ilością wody, aby go przykryć. Dodaj sos sojowy i 1 łyżkę przyprawy kreolskiej. Przykryj i gotuj na wolnym ogniu przez 30 minut. Wyjmij tempeh z płynu i odstaw, zachowując płyn.

W płytkiej misce wymieszaj mąkę z pozostałymi 2 łyżkami przyprawy kreolskiej i dobrze wymieszaj. Obtocz tempeh w mieszance mąki, dokładnie ją pokrywając. Na dużej patelni rozgrzej 1 łyżkę oleju na średnim ogniu. Dodaj obtoczony tempeh i smaż, aż zbrązowieje z obu stron, około 4 minut z każdej strony. Wyjmij tempeh z patelni i odstaw na bok.

Na tej samej patelni rozgrzej pozostałą 1 łyżkę oleju na średnim ogniu. Dodaj cebulę, seler, paprykę i czosnek. Przykryj i gotuj, aż warzywa zmiękną, około 10 minut. Wymieszaj z pomidorami, a następnie dodaj tempeh z powrotem do patelni wraz z tymiankiem, winem i 1 szklanką odłożonego płynu z gotowania. Dopraw solą i pieprzem do smaku. Doprowadź do wrzenia i gotuj bez przykrycia przez około 30 minut, aby zredukować płyn i połączyć smaki. Podawaj natychmiast.

## 57. Tempeh z cytryną i kaparami

**Wystarczy na 4–6 porcji**

- 1 funt tempehu pokrojonego poziomo na plasterki o grubości $1/4$ cala
- $1/2$ szklanki sosu sojowego
- $1/2$ szklanki mąki uniwersalnej
- Sól i świeżo zmielony czarny pieprz
- 2 łyżki oliwy z oliwek
- 2 średnie szalotki, posiekane
- 2 ząbki czosnku, drobno posiekane
- 2 łyżki kaparów
- $1/2$ szklanki wytrawnego białego wina
- $1/2$ szklanki bulionu warzywnego, domowego (patrz: Lekki bulion warzywny ) lub kupionego w sklepie
- 2 łyżki wegańskiej margaryny
- Sok z 1 cytryny
- 2 łyżki posiekanej świeżej pietruszki

Umieść tempeh w dużym rondlu z wystarczającą ilością wody, aby go przykryć. Dodaj sos sojowy i gotuj na wolnym ogniu przez 30 minut. Wyjmij tempeh z garnka i odstaw do ostygnięcia. W płytkiej misce wymieszaj mąkę, sól i pieprz do smaku. Obtocz tempeh w mieszance mąki, pokrywając obie strony. Odstaw.

Na dużej patelni rozgrzej 2 łyżki oleju na średnim ogniu. Dodaj tempeh, w razie potrzeby partiami, i smaż, aż zbrązowieje z obu stron, łącznie około 8 minut. Wyjmij tempeh z patelni i odstaw.

Na tej samej patelni rozgrzej pozostałą 1 łyżkę oleju na średnim ogniu. Dodaj szalotki i smaż około 2 minut. Dodaj czosnek, a następnie wmieszaj kapary, wino i bulion. Włóż tempeh z powrotem na patelnię i gotuj na wolnym ogniu przez 6 do 8 minut. Dodaj margarynę, sok z cytryny i pietruszkę, mieszając, aby rozpuścić margarynę. Podawaj natychmiast.

## 58. Tempeh z glazurą klonowo-octową

**Wystarczy na 4 porcje**

- 1 funt tempehu pokrojonego na 2-calowe paski
- 2 łyżki octu balsamicznego
- 2 łyżki czystego syropu klonowego
- 1 $1/2$ łyżki pikantnej brązowej musztardy
- 1 łyżeczka sosu Tabasco
- 1 łyżka oliwy z oliwek
- 2 ząbki czosnku, drobno posiekane
- $1/2$ szklanki bulionu warzywnego, domowego (patrz: Lekki bulion warzywny ) lub kupionego w sklepie Sól i świeżo zmielony czarny pieprz

W średnim rondlu z gotującą się wodą gotuj tempeh przez 30 minut. Odcedź i osusz.

W małej misce wymieszaj ocet, syrop klonowy, musztardę i Tabasco. Odstaw.

Rozgrzej olej na dużej patelni na średnim ogniu. Dodaj tempeh i smaż, aż zbrązowieje z obu stron, przewracając raz, około 4 minuty z każdej strony. Dodaj czosnek i smaż jeszcze 30 sekund.

Wymieszaj z bulionem, solą i pieprzem do smaku. Zwiększ ogień do średnio-wysokiego i gotuj bez przykrycia przez około 3 minuty lub do momentu, aż płyn prawie wyparuje.

Dodaj odłożoną mieszankę musztardową i gotuj przez 1 do 2 minut, obracając tempeh, aby pokryć go sosem i ładnie zeszklić. Uważaj, aby się nie przypalił. Podawaj natychmiast.

## 59. Kusząca chili z tempehem

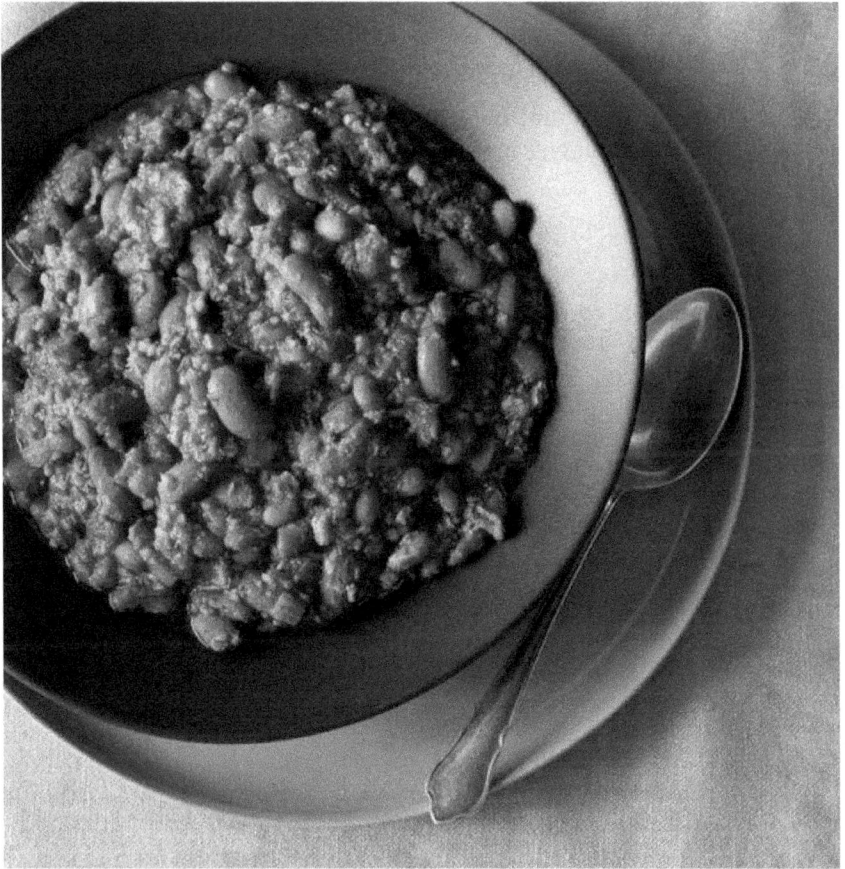

**Wystarczy na 4–6 porcji**

- 1 funt tempehu
- 1 łyżka oliwy z oliwek
- 1 średnia żółta cebula, posiekana
- 1 średnia zielona papryka, posiekana
- 2 ząbki czosnku, drobno posiekane
- łyżki proszku chili
- 1 łyżeczka suszonego oregano
- 1 łyżeczka mielonego kminu

- (28 uncji) puszka pomidorów w puszce
- $^1/_2$ szklanki wody, plus więcej, jeśli to konieczne
- 1 $^1/_2$ szklanki ugotowanej fasoli pinto lub 1 (15,5 uncji) puszka fasoli pinto, odsączonej i wypłukanej
- 1 (4 uncje) puszka posiekanych łagodnych zielonych papryczek chili, odsączonych
- Sól i świeżo zmielony czarny pieprz
- 2 łyżki posiekanej świeżej kolendry

W średnim rondlu z gotującą się wodą gotuj tempeh przez 30 minut. Odcedź i pozwól ostygnąć, a następnie drobno posiekaj i odstaw.

Rozgrzej olej w dużym rondlu. Dodaj cebulę, paprykę i czosnek, przykryj i gotuj, aż zmiękną, około 5 minut. Dodaj tempeh i gotuj, bez przykrycia, aż do uzyskania złotego koloru, około 5 minut. Dodaj proszek chili, oregano i kmin. Wymieszaj z pomidorami, wodą, fasolą i chili. Dopraw solą i czarnym pieprzem do smaku. Dobrze wymieszaj, aby połączyć.

Doprowadź do wrzenia, następnie zmniejsz ogień do małego, przykryj i gotuj na wolnym ogniu przez 45 minut, od czasu do czasu mieszając i w razie potrzeby dodając odrobinę wody.

Posyp kolendrą i podawaj natychmiast.

## 60. Tempeh Cacciatore

**Wystarczy na 4–6 porcji**

- 1 funt tempeh pokrojonego w cienkie plasterki
- 2 łyżki oleju rzepakowego lub z pestek winogron
- 1 średnia czerwona cebula, pokrojona w kostkę o wymiarach $^1/_2$ cala
- średniej wielkości czerwona papryka, pokrojona w kostkę o wymiarach $^1/_2$ cala
- średnia marchewka, pokrojona w plasterki o grubości $^1/_4$ cala
- 2 ząbki czosnku, drobno posiekane
- 1 (28-uncjowa) puszka pokrojonych w kostkę pomidorów, odsączonych
- $^1/_4$ szklanki wytrawnego białego wina
- 1 łyżeczka suszonego oregano
- 1 łyżeczka suszonej bazylii
- Sól i świeżo zmielony czarny pieprz

W średnim rondlu z gotującą się wodą gotuj tempeh przez 30 minut. Odcedź i osusz.

Na dużej patelni rozgrzej 1 łyżkę oleju na średnim ogniu. Dodaj tempeh i smaż, aż zbrązowieje z obu stron, łącznie 8 do 10 minut. Wyjmij z patelni i odstaw.

Na tej samej patelni rozgrzej pozostałą 1 łyżkę oleju na średnim ogniu. Dodaj cebulę, paprykę, marchewkę i czosnek. Przykryj i gotuj, aż zmiękną, około 5 minut. Dodaj pomidory, wino, oregano, bazylię, sól i czarny pieprz do smaku i doprowadź do wrzenia. Zmniejsz ogień do niskiego, dodaj odłożony tempeh i gotuj bez przykrycia, aż warzywa zmiękną, a smaki dobrze się połączą, około 30 minut. Podawaj natychmiast.

# 61. Indonezyjski tempeh w sosie kokosowym

## Wystarczy na 4–6 porcji

- 1 funt tempehu pokrojonego na plasterki o grubości $1/4$ cala
- 2 łyżki oleju rzepakowego lub z pestek winogron
- 1 średnia żółta cebula, posiekana
- 3 ząbki czosnku, drobno posiekane
- 1 średnia czerwona papryka, posiekana
- 1 średnia zielona papryka, posiekana
- 1 lub 2 małe papryczki Serrano lub inne świeże ostre papryczki, pozbawione pestek i posiekane
- 1 (14,5 uncji) puszka pokrojonych w kostkę pomidorów, odsączonych
- 1 (13,5 uncji) puszka niesłodzonego mleka kokosowego
- Sól i świeżo zmielony czarny pieprz
- $1/2$ szklanki niesolonych prażonych orzeszków ziemnych, zmielonych lub pokruszonych, do dekoracji
- 2 łyżki posiekanej świeżej kolendry do dekoracji

W średnim rondlu z gotującą się wodą gotuj tempeh przez 30 minut. Odcedź i osusz.

Na dużej patelni rozgrzej 1 łyżkę oleju na średnim ogniu. Dodaj tempeh i smaż, aż będzie złocistobrązowy z obu stron, około 10 minut. Wyjmij z patelni i odstaw.

Na tej samej patelni rozgrzej pozostałą 1 łyżkę oleju na średnim ogniu. Dodaj cebulę, czosnek, czerwoną i zieloną paprykę oraz chili. Przykryj i gotuj, aż zmiękną, około 5 minut. Wymieszaj z pomidorami i mlekiem kokosowym. Zmniejsz ogień do niskiego, dodaj odłożony tempeh, dopraw solą i pieprzem do smaku i gotuj na wolnym ogniu bez przykrycia, aż sos lekko się zredukuje, około 30 minut. Posyp orzeszkami ziemnymi i kolendrą i podawaj natychmiast.

## 62. Tempeh z imbirem i orzeszkami ziemnymi

**Wystarczy na 4 porcje**

- 1 funt tempehu pokrojonego w kostkę o wymiarach $^1/_2$ cala
- 2 łyżki oleju rzepakowego lub z pestek winogron
- średniej wielkości czerwona papryka, pokrojona w kostkę o wymiarach $^1/_{2\ cala}$
- 3 ząbki czosnku, drobno posiekane
- mała pęczek zielonej cebulki, posiekanej
- 2 łyżki startego świeżego imbiru
- 2 łyżki sosu sojowego
- 1 łyżka cukru
- $^1/_4$ łyżeczki zmielonej czerwonej papryki
- 1 łyżka mąki kukurydzianej
- 1 szklanka wody
- 1 szklanka pokruszonych, niesolonych, prażonych orzeszków ziemnych
- 2 łyżki posiekanej świeżej kolendry

W średnim rondlu z gotującą się wodą gotuj tempeh przez 30 minut. Odcedź i osusz. W dużej patelni lub woku rozgrzej olej na średnim ogniu. Dodaj tempeh i gotuj, aż lekko się zrumieni, około 8 minut. Dodaj paprykę i smaż, aż zmięknie, około 5 minut. Dodaj czosnek, zieloną cebulę i imbir i smaż, aż będzie pachnący, 1 minutę.

W małej misce wymieszaj sos sojowy, cukier, zmiażdżoną czerwoną paprykę, skrobię kukurydzianą i wodę. Dobrze wymieszaj, a następnie wlej na patelnię. Gotuj, mieszając, przez 5 minut, aż lekko zgęstnieje. Wymieszaj z orzeszkami ziemnymi i kolendrą. Podawaj natychmiast.

## 63. Tempeh z ziemniakami i kapustą

**Wystarczy na 4 porcje**

- 1 funt tempehu pokrojonego w kostkę o wymiarach $^1/_2$ cala
- 2 łyżki oleju rzepakowego lub z pestek winogron
- 1 średnia żółta cebula, posiekana
- 1 średnia marchewka, posiekana
- 1 $^1/_2$ łyżki słodkiej węgierskiej papryki
- 2 średnie ziemniaki obrane i pokrojone w kostkę o wymiarach $^1/_2$ cala
- 3 szklanki poszatkowanej kapusty
- 1 (14,5 uncji) puszka pokrojonych w kostkę pomidorów, odsączonych
- $^1/_4$ szklanki wytrawnego białego wina
- 1 szklanka bulionu warzywnego, domowego (patrz: Lekki bulion warzywny ) lub kupionego w sklepie Sól i świeżo zmielony czarny pieprz

- $^1/_2$ szklanki wegańskiej śmietany, domowej roboty (patrz Śmietana z tofu ) lub kupionej w sklepie (opcjonalnie)

W średnim rondlu z gotującą się wodą gotuj tempeh przez 30 minut. Odcedź i osusz.

Na dużej patelni rozgrzej 1 łyżkę oleju na średnim ogniu. Dodaj tempeh i smaż, aż będzie złocistobrązowy z obu stron, około 10 minut. Wyjmij tempeh i odstaw.

Na tej samej patelni rozgrzej pozostałą 1 łyżkę oleju na średnim ogniu. Dodaj cebulę i marchewkę, przykryj i gotuj, aż zmiękną, około 10 minut. Wymieszaj z papryką, ziemniakami, kapustą, pomidorami, winem i bulionem i doprowadź do wrzenia. Dopraw solą i pieprzem do smaku

Zmniejsz ogień do średniego, dodaj tempeh i gotuj bez przykrycia przez 30 minut lub do momentu, aż warzywa będą miękkie, a smaki się połączą. Wymieszaj ze śmietaną, jeśli jej używasz, i podawaj natychmiast.

## 64. Gulasz z Succotash z Południa

**Wystarczy na 4 porcje**

- 10 uncji tempehu
- 2 łyżki oliwy z oliwek
- 1 duża słodka żółta cebula, drobno posiekana
- 2 średnie ziemniaki obrane i pokrojone w kostkę o wymiarach $^1/_2$ cala
- 1 (14,5 uncji) puszka pokrojonych w kostkę pomidorów, odsączonych
- 1 (16-uncjowe) opakowanie mrożonego succotash
- 2 szklanki bulionu warzywnego, domowego (patrz: Lekki bulion warzywny ) lub kupionego w sklepie, albo wody
- 2 łyżki sosu sojowego
- 1 łyżeczka suchej musztardy
- 1 łyżeczka cukru
- $^1/_2$ łyżeczki suszonego tymianku
- $^1/_2$ łyżeczki mielonego ziela angielskiego
- $^1/_4$ łyżeczki mielonego pieprzu cayenne
- Sól i świeżo zmielony czarny pieprz

W średnim rondlu z gotującą się wodą gotuj tempeh przez 30 minut. Odcedź, osusz i pokrój w kostkę o wymiarach 1 cala.

Na dużej patelni rozgrzej 1 łyżkę oleju na średnim ogniu. Dodaj tempeh i smaż, aż zbrązowieje z obu stron, około 10 minut. Odstaw.

W dużym rondlu rozgrzej pozostałą 1 łyżkę oleju na średnim ogniu. Dodaj cebulę i gotuj, aż zmięknie, 5 minut. Dodaj ziemniaki, marchewki, pomidory, succotash, bulion, sos sojowy, musztardę, cukier, tymianek, ziele angielskie i pieprz cayenne. Dopraw solą i pieprzem do smaku. Doprowadź do wrzenia, a następnie zmniejsz ogień do małego i dodaj tempeh. Gotuj pod przykryciem, aż warzywa będą miękkie, mieszając od czasu do czasu, około 45 minut.

Około 10 minut przed zakończeniem gotowania gulaszu, wmieszaj płynny dym. Spróbuj, w razie potrzeby dopraw do smaku.

Podawać natychmiast.

# 65. Zapiekana zapiekanka jambalaya

**Wystarczy na 4 porcje**

- 10 uncji tempehu
- 2 łyżki oliwy z oliwek
- 1 średnia żółta cebula, posiekana
- 1 średnia zielona papryka, posiekana
- 2 ząbki czosnku, drobno posiekane
- 1 (28-uncjowa) puszka krojonych pomidorów, nieodsączonych

- $^1/_2$ szklanki białego ryżu
- 1 $^1/_2$ szklanki bulionu warzywnego, domowego (patrz: Lekki bulion warzywny ) lub kupionego w sklepie, albo wody
- 1 $^1/_2$ szklanki ugotowanej lub 1 (15,5 uncji) puszka ciemnoczerwonej fasoli, odsączonej i wypłukanej
- 1 łyżka posiekanej świeżej pietruszki
- 1 $^1/_2$ łyżeczki przyprawy Cajun
- 1 łyżeczka suszonego tymianku
- $^1/_2$ łyżeczki soli
- $^1/_4$ łyżeczki świeżo zmielonego czarnego pieprzu

W średnim rondlu z gotującą się wodą gotuj tempeh przez 30 minut. Odcedź i osusz. Pokrój w kostkę o wymiarach $^1/_2$ cala. Rozgrzej piekarnik do 350°F.

Na dużej patelni rozgrzej 1 łyżkę oleju na średnim ogniu. Dodaj tempeh i smaż, aż zbrązowieje z obu stron, około 8 minut. Przełóż tempeh do naczynia do pieczenia o wymiarach 9 x 13 cali i odstaw.

Na tej samej patelni rozgrzej pozostałą 1 łyżkę oleju na średnim ogniu. Dodaj cebulę, paprykę i czosnek. Przykryj i gotuj, aż warzywa zmiękną, około 7 minut.

Dodaj mieszankę warzyw do naczynia do pieczenia z tempehem. Wymieszaj z pomidorami z płynem, ryżem, bulionem, fasolą, pietruszką, przyprawą Cajun, tymiankiem, solą i czarnym pieprzem. Dobrze wymieszaj, a następnie szczelnie przykryj i piecz, aż ryż będzie miękki, około 1 godziny. Podawaj natychmiast.

## 66. Ciasto z tempehem i słodkimi ziemniakami

**Wystarczy na 4 porcje**

- 8 uncji tempehu
- 3 średnie słodkie ziemniaki, obrane i pokrojone w kostkę o wymiarach $1/2$ cala
- 2 łyżki wegańskiej margaryny
- $1/4$ szklanki zwykłego niesłodzonego mleka sojowego
- Sól i świeżo zmielony czarny pieprz
- 2 łyżki oliwy z oliwek
- 1 średnia żółta cebula, drobno posiekana
- 2 średnie marchewki, posiekane
- 1 szklanka mrożonego groszku, rozmrożonego
- 1 szklanka mrożonych ziaren kukurydzy, rozmrożonych
- 1 $1/2$ szklanki sosu grzybowego
- $1/2$ łyżeczki suszonego tymianku

W średnim rondlu z gotującą się wodą gotuj tempeh przez 30 minut. Odcedź i osusz. Drobno posiekaj tempeh i odłóż na bok.

Gotuj słodkie ziemniaki na parze, aż będą miękkie, około 20 minut. Rozgrzej piekarnik do 350°F. Rozgnieć słodkie ziemniaki z margaryną, mlekiem sojowym oraz solą i pieprzem do smaku. Odstaw.

Na dużej patelni rozgrzej 1 łyżkę oleju na średnim ogniu. Dodaj cebulę i marchewkę, przykryj i gotuj, aż zmiękną, około 10 minut. Przełóż na 10-calową blachę do pieczenia.

Na tej samej patelni rozgrzej pozostałą 1 łyżkę oleju na średnim ogniu. Dodaj tempeh i smaż, aż zbrązowieje z obu stron, 8 do 10 minut. Dodaj tempeh do formy do pieczenia z cebulą i marchewką. Wymieszaj z groszkiem, kukurydzą i sosem grzybowym. Dodaj tymianek, sól i pieprz do smaku. Wymieszaj, aby połączyć.

Rozłóż puree ze słodkich ziemniaków na wierzchu, używając szpatułki, aby równomiernie rozprowadzić je na brzegach patelni. Piecz, aż ziemniaki lekko się zrumienią, a nadzienie będzie gorące, około 40 minut. Podawaj natychmiast.

## 67. Makaron z bakłażanem i tempehem

**Wystarczy na 4 porcje**

- 8 uncji tempehu
- 1 średni bakłażan
- 12 dużych muszelek makaronowych
- 1 ząbek czosnku, rozgnieciony
- $1/4$ łyżeczki mielonego pieprzu cayenne
- Sól i świeżo zmielony czarny pieprz
- Suche, nieprzyprawione okruchy chleba

- 3 szklanki sosu marinara, domowego (patrz Sos marinara ) lub kupionego w sklepie

W średnim rondlu z gotującą się wodą gotuj tempeh przez 30 minut. Odcedź i odstaw do ostygnięcia.

Rozgrzej piekarnik do 230°C. Nakłuj bakłażana widelcem i piecz na lekko natłuszczonej blasze do pieczenia, aż zmięknie, około 45 minut.

Podczas pieczenia bakłażana ugotuj muszle makaronowe w garnku z wrzącą, osoloną wodą, mieszając od czasu do czasu, aż będą al dente, około 7 minut. Odcedź i przelej zimną wodą. Odstaw.

Wyjmij bakłażana z piekarnika, przekrój wzdłuż na pół i odcedź płyn. Zmniejsz temperaturę piekarnika do 350°F. Lekko natłuść blachę do pieczenia o wymiarach 9 x 13 cali. W robocie kuchennym zmiel czosnek, aż będzie drobno zmielony. Dodaj tempeh i miksuj, aż będzie grubo zmielony. Wyjmij miąższ bakłażana ze skorupy i dodaj do robota kuchennego razem z tempehem i czosnkiem. Dodaj pieprz cayenne, dopraw solą i pieprzem do smaku i miksuj, aż się połączy. Jeśli nadzienie jest luźne, dodaj trochę bułki tartej.

Rozłóż warstwę sosu pomidorowego na dnie przygotowanego naczynia do pieczenia. Napełnij muszle farszem, aż będą dobrze ubite.

Ułóż muszle na wierzchu sosu i polej je pozostałym sosem. Przykryj folią i piecz, aż będą gorące, około 30 minut. Odkryj, posyp parmezanem i piecz jeszcze 10 minut. Podawaj natychmiast.

## 68. Makaron singapurski z tempeh

**Wystarczy na 4 porcje**

- 8 uncji tempeh, pokrojonego w kostkę o wymiarach $1/2$ cala
- 8 uncji makaronu ryżowego
- 1 łyżka oleju sezamowego prażonego
- 2 łyżki oleju rzepakowego lub z pestek winogron
- 4 łyżki sosu sojowego
- $1/3$ szklanki kremowego masła orzechowego
- $1/2$ szklanki niesłodzonego mleka kokosowego
- $1/2$ szklanki wody
- 1 łyżka świeżego soku z cytryny
- 1 łyżeczka jasnobrązowego cukru
- $1/2$ łyżeczki mielonego pieprzu cayenne

- 1 średnia czerwona papryka, posiekana
- 3 szklanki poszatkowanej kapusty
- 3 ząbki czosnku
- 1 szklanka posiekanej zielonej cebulki
- 2 łyżeczki startego świeżego imbiru
- 1 szklanka mrożonego groszku, rozmrożonego
- Sól
- $1/4$ szklanki posiekanych, niesolonych, prażonych orzeszków ziemnych, do dekoracji
- 2 łyżki posiekanej świeżej kolendry do dekoracji

W średnim rondlu z gotującą się wodą gotuj tempeh przez 30 minut. Odcedź i osusz. Namocz makaron ryżowy w dużej misce z gorącą wodą, aż zmięknie, około 5 minut. Dobrze odcedź, opłucz i przełóż do dużej miski. Wymieszaj z olejem sezamowym i odstaw.

Na dużej patelni rozgrzej 1 łyżkę oleju rzepakowego na średnio-wysokim ogniu. Dodaj ugotowany tempeh i smaż, aż zbrązowieje ze wszystkich stron, dodając 1 łyżkę sosu sojowego, aby nadać mu kolor i smak. Wyjmij tempeh z patelni i odstaw.

W blenderze lub robocie kuchennym wymieszaj masło orzechowe, mleko kokosowe, wodę, sok z cytryny, cukier, pieprz cayenne i pozostałe 3 łyżki sosu sojowego. Miksuj do uzyskania gładkiej konsystencji i odstaw.

Na dużej patelni rozgrzej pozostałą 1 łyżkę oleju rzepakowego na średnio-wysokim ogniu. Dodaj paprykę, kapustę, czosnek, zieloną cebulę i imbir i gotuj, mieszając od czasu do czasu, aż zmiękną, około 10 minut. Zmniejsz ogień do niskiego; wmieszaj groszek, zrumieniony tempeh i zmiękczony makaron. Wymieszaj z sosem, dodaj sól do smaku i gotuj na wolnym ogniu, aż będzie gorący.

Przełóż do dużej miski, udekoruj posiekanymi orzeszkami ziemnymi i kolendrą i podawaj.

## 69. Boczek Tempeh

**Wystarczy na 4 porcje**

6 uncji tempehu
2 łyżki oleju rzepakowego lub z pestek winogron
2 łyżki sosu sojowego
$1/2$ łyżeczki płynnego dymu

W średnim rondlu z gotującą się wodą gotuj tempeh
przez 30 minut. Odstaw do ostygnięcia, następnie osusz
i pokrój na paski o grubości $1/8$ cala.

Rozgrzej olej na dużej patelni na średnim ogniu. Dodaj
plastry tempeh i smaż z obu stron, aż się zrumienią,
około 3 minuty z każdej strony. Skrop sosem sojowym i
płynnym dymem, uważając, aby nie pryskać. Obróć
tempeh, aby pokryć. Podawaj na gorąco.

## 70. Spaghetti i kulki T

**Wystarczy na 4 porcje**

- 1 funt tempehu
- 2 lub 3 ząbki czosnku, drobno posiekane
- 3 łyżki drobno posiekanej świeżej pietruszki
- 3 łyżki sosu sojowego
- 1 łyżka oliwy z oliwek, plus więcej do gotowania
- ¾ szklanki świeżych bułek tartych
- $^1/_3$ szklanki mąki z glutenu pszennego (witaminowy gluten pszenny)
- 3 łyżki drożdży odżywczych
- $^1/_2$ łyżeczki suszonego oregano
- $^1/_2$ łyżeczki soli

- $^1/_4$ łyżeczki świeżo zmielonego czarnego pieprzu
- 1 funt spaghetti
- 3 szklanki sosu marinara, domowego (patrz po lewej) lub kupionego w sklepie

W średnim rondlu z gotującą się wodą gotuj tempeh przez 30 minut. Dobrze odcedź i pokrój na kawałki.

Umieść ugotowany tempeh w robocie kuchennym, dodaj czosnek i pietruszkę i miksuj, aż będą grubo zmielone. Dodaj sos sojowy, oliwę z oliwek, bułkę tartą, mąkę glutenową, drożdże, oregano, sól i czarny pieprz i miksuj, aż się połączą, pozostawiając trochę tekstury. Przełóż mieszankę tempeh do miski i ugniataj ją rękoma, aż będzie dobrze wymieszana, przez 1 do 2 minut. Ręcznymi ruchami uformuj z mieszanki małe kulki, nie większe niż 1 $^1/_2$ cala średnicy. Powtórz z pozostałą mieszanką tempeh.

Na lekko natłuszczonej dużej patelni rozgrzej cienką warstwę oleju na średnim ogniu. Dodaj kulki T, jeśli to konieczne, w partiach i smaż, aż się zrumienią, przesuwając je na patelni w razie potrzeby, aby równomiernie się zrumieniły, przez 15 do 20 minut. Alternatywnie możesz ułożyć kulki T na natłuszczonej blasze do pieczenia i piec w temperaturze 350°F przez 25 do 30 minut, przewracając raz w połowie pieczenia.

W dużym garnku z wrzącą, osoloną wodą gotuj spaghetti na średnio-wysokim ogniu, od czasu do czasu mieszając, aż będzie al dente, około 10 minut.

Podczas gotowania spaghetti podgrzej sos marinara w średniej wielkości rondlu na średnim ogniu, aż będzie gorący.

Gdy makaron jest ugotowany, dobrze odcedź i podziel na 4 talerze obiadowe lub płytkie miseczki do makaronu. Na wierzch każdej porcji połóż kilka kulek T-balls. Polej sosem kulki T-balls i spaghetti i podawaj na gorąco. Wymieszaj pozostałe kulki T-balls i sos w misce do serwowania i podawaj.

# 71. Paglia E Fieno z groszkiem

## Wystarczy na 4 porcje

- $^1/_3$ szklanki plus 1 łyżka oliwy z oliwek
- 2 średnie szalotki, drobno posiekane
- $^1/_4$ szklanki posiekanego boczku tempeh, domowego (patrz Boczek tempeh ) lub kupionego w sklepie (opcjonalnie)
- Sól i świeżo zmielony czarny pieprz
- 8 uncji zwykłego lub pełnoziarnistego makaronu linguine
- 8 uncji szpinaku linguine
- Wegański parmezan lub Parmasio

Na dużej patelni rozgrzej 1 łyżkę oleju na średnim ogniu. Dodaj szalotki i smaż, aż zmiękną, około 5 minut. Dodaj boczek tempeh, jeśli używasz, i smaż, aż ładnie się zrumieni. Wymieszaj z pieczarkami i smaż, aż zmiękną, około 5 minut. Dopraw solą i pieprzem do smaku. Wymieszaj z groszkiem i pozostałą $1/3$ szklanki oleju. Przykryj i trzymaj w cieple na bardzo małym ogniu.

W dużym garnku z wrzącą, osoloną wodą gotuj linguine na średnio-wysokim ogniu, mieszając od czasu do czasu, aż będzie al dente, około 10 minut. Dobrze odcedź i przełóż do dużej miski.

Dodaj sos, dopraw solą i pieprzem do smaku i posyp parmezanem. Delikatnie wymieszaj, aby połączyć składniki i natychmiast podawaj.

# SEITA N

## 72. Podstawowy duszony seitan

**Wychodzi około 2 funtów**

**Seitana**

- 1¾ szklanki mąki z glutenu pszennego (witaminowy gluten pszenny)
- $^1/_2$ łyżeczki soli
- $^1/_2$ łyżeczki proszku cebulowego
- $^1/_4$ łyżeczki słodkiej papryki
- 1 łyżka oliwy z oliwek
- 2 łyżki sosu sojowego
- 1 $^2/_3$ szklanki zimnej wody

**Gotowanie się płynu:**

- 2 kwarty wody
- $1/2$ szklanki sosu sojowego
- 2 ząbki czosnku, zmiażdżone

Przygotuj seitan: W robocie kuchennym połącz mąkę pszenną z glutenem, drożdże odżywcze, sól, proszek cebulowy i paprykę. Miksuj pulsacyjnie, aby połączyć. Dodaj olej, sos sojowy i wodę i miksuj przez minutę, aby uzyskać ciasto. Wyłóż mieszankę na lekko posypaną mąką powierzchnię roboczą i ugniataj, aż będzie gładka i elastyczna, około 2 minuty.

Przygotuj wrzący płyn: w dużym rondlu wymieszaj wodę, sos sojowy i czosnek.

Podziel ciasto seitanowe na 4 równe części i włóż do gotującego się płynu. Doprowadź do wrzenia na średnio-wysokim ogniu, następnie zmniejsz ogień do średnio-niskiego, przykryj i gotuj na wolnym ogniu, od czasu do czasu obracając, przez 1 godzinę. Wyłącz ogień i pozwól seitanowi ostygnąć w płynie. Po ostygnięciu seitan można wykorzystać w przepisach lub przechowywać w lodówce w płynie w szczelnie zamkniętym pojemniku do tygodnia lub zamrozić na okres do 3 miesięcy.

### 73. Pieczony seitan faszerowany

**Wystarczy na 6 porcji**

- 1 przepis Podstawowy duszony seitan , surowy
- 1 łyżka oliwy z oliwek
- 1 mała żółta cebula, posiekana
- 1 łodyga selera, posiekana
- $^1/_2$ łyżeczki suszonego tymianku
- $^1/_2$ łyżeczki suszonej szałwii
- $^1/_2$ szklanki wody lub więcej, jeśli to konieczne
- Sól i świeżo zmielony czarny pieprz
- 2 szklanki świeżych kostek chleba
- $^1/_4$ szklanki posiekanej świeżej pietruszki

Połóż surowy seitan na lekko posypanej mąką powierzchni roboczej i rozciągnij go lekko posypanymi mąką dłońmi, aż będzie płaski i będzie miał około $^1/_2$ cala grubości. Umieść spłaszczony seitan między dwoma arkuszami folii spożywczej lub papier pergaminowy. Użyj wałka do ciasta, aby spłaszczyć go tak bardzo, jak to możliwe (będzie elastyczny i wytrzymały). Przykryj blachą do pieczenia obciążoną galonem wody lub konserwą i odstaw, podczas gdy będziesz robić farsz.

Rozgrzej olej na średnim ogniu w dużej patelni. Dodaj cebulę i seler. Przykryj i gotuj do miękkości przez 10 minut. Dodaj tymianek, szałwię, wodę oraz sól i pieprz do smaku. Zdejmij z ognia i odstaw. Umieść chleb i pietruszkę w dużej misce. Dodaj mieszankę cebulową i dobrze wymieszaj, dodając odrobinę wody, jeśli farsz jest zbyt suchy. Spróbuj, w razie potrzeby dostosuj przyprawy. jeśli to konieczne. Odstaw.

Rozgrzej piekarnik do 350°F. Lekko natłuść blachę do pieczenia o wymiarach 9 x 13 cali i odstaw. Rozwałkuj spłaszczony seitan wałkiem do ciasta, aż będzie miał grubość około $^1/_4$ cala. Rozłóż farsz na powierzchni seitana i ostrożnie i równomiernie zwinąć. Umieścić pieczeń stroną ze szwem do dołu w przygotowanej blasze do pieczenia. Natrzeć odrobiną oleju wierzch i boki pieczeni i piec pod przykryciem przez 45 minut, następnie odkryć i piec, aż będzie jędrna i błyszcząco brązowa, około 15 minut dłużej.

Wyjmij z piekarnika i odstaw na 10 minut przed pokrojeniem. Użyj ząbkowanego noża, aby pokroić na plasterki o grubości $1/2$ cala. Uwaga: Aby ułatwić krojenie, przygotuj pieczeń wcześniej i całkowicie ją ostudź przed pokrojeniem. Pokrój całą pieczeń lub jej część, a następnie podgrzej w piekarniku, szczelnie przykryty, przez 15 do 20 minut przed podaniem.

## 74. Pieczony seitan

**Wystarczy na 4 porcje**

- 1 przepis Podstawowy duszony seitan
- 2 łyżki oliwy z oliwek
- 3 do 4 średnich szalotek przekrojonych wzdłuż na pół
- 1 funt ziemniaków Yukon Gold, obranych i pokrojonych na kawałki o wielkości 2 cali
- $1/2$ łyżeczki suszonego cząbru
- $1/4$ łyżeczki mielonej szałwii
- Sól i świeżo zmielony czarny pieprz
- Chrzan do podania

Postępuj zgodnie z instrukcją wykonania podstawowego duszonego seitanu, ale podziel ciasto seitanowe na 2 części zamiast 4 przed gotowaniem na wolnym ogniu. Po 30 minutach ostygnięcia seitanu w bulionie wyjmij go z rondla i odstaw. Odłóż płyn do gotowania, usuwając wszelkie stałe składniki. Odłóż 1 kawałek seitanu (około 1 funta) do wykorzystania w przyszłości, umieszczając go w misce i przykrywając częścią odłożonego płynu do gotowania. Przykryj i przechowuj w lodówce do momentu użycia. Jeśli nie zużyjesz go w ciągu 3 dni, całkowicie ostudź seitan, szczelnie owiń i zamroź.

W dużym rondlu rozgrzej 1 łyżkę oleju na średnim ogniu. Dodaj szalotki i marchewki. Przykryj i gotuj przez 5 minut. Dodaj ziemniaki, tymianek, cząber, szałwię oraz sól i pieprz do smaku. Dodaj 1 $^1/_2$ szklanki odłożonego płynu do gotowania i doprowadź do wrzenia. Zmniejsz ogień do niskiego i gotuj pod przykryciem przez 20 minut.

Natrzyj odłożony seitan pozostałą 1 łyżką oleju i papryką. Połóż seitan na gotujących się warzywach. Przykryj i gotuj dalej, aż warzywa będą miękkie, około 20 minut. Pokrój seitan w cienkie plasterki i ułóż na dużym półmisku otoczonym ugotowanymi warzywami. Podawaj natychmiast, z chrzanem na boku.

## 75. Prawie jednogarnkowa kolacja na Święto Dziękczynienia

**Wystarczy na 6 porcji**

- 2 łyżki oliwy z oliwek
- 1 szklanka drobno posiekanej cebuli
- 2 łodygi selera, drobno posiekane
- 2 szklanki pokrojonych białych pieczarek
- $1/2$ łyżeczki suszonego tymianku
- $1/2$ łyżeczki suszonego cząbru
- $1/2$ łyżeczki mielonej szałwii
- Szczypta zmielonej gałki muszkatołowej
- Sól i świeżo zmielony czarny pieprz

- 2 szklanki świeżych kostek chleba
- 2 $^1/_2$ szklanki bulionu warzywnego, domowego (patrz: Lekki bulion warzywny ) lub kupionego w sklepie
- $^1/_3$ szklanki słodzonych suszonych żurawin
- 8 uncji tofu o bardzo dużej twardości, odsączonego i pokrojonego na plasterki o grubości $^1/_4$ cala
- 8 uncji seitanu, domowego lub kupionego w sklepie, pokrojonego w bardzo cienkie plasterki
- 2 $^1/_2$ szklanki podstawowego puree ziemniaczanego
- 1 arkusz mrożonego ciasta francuskiego, rozmrożonego

Rozgrzej piekarnik do 400°F. Lekko natłuść 10-calową kwadratową formę do pieczenia. Na dużej patelni rozgrzej olej na średnim ogniu. Dodaj cebulę i seler. Przykryj i gotuj, aż zmiękną, około 5 minut. Wymieszaj z grzybami, tymiankiem, cząbrem, szałwią, gałką muszkatołową oraz solą i pieprzem do smaku. Gotuj bez przykrycia, aż grzyby będą miękkie, około 3 minuty dłużej. Odstaw.

W dużej misce wymieszaj kostki chleba z taką ilością bulionu, jaka będzie potrzebna do zwilżenia (około

1 $^1/_2$ szklanki). Dodaj ugotowaną mieszankę warzywną, orzechy włoskie i żurawinę. Wymieszaj, aby dobrze się połączyły i odstaw.

Na tej samej patelni zagotuj pozostałą 1 szklankę bulionu, zmniejsz ogień do średniego, dodaj tofu i gotuj bez przykrycia, aż bulion zostanie wchłonięty, około 10 minut. Odstaw.

Rozłóż połowę przygotowanego farszu na dnie przygotowanego naczynia do pieczenia, a następnie połowę seitanu, połowę tofu i połowę brązowego sosu. Powtórz układanie warstw z pozostałym farszem, seitan, tofu i sos.

## 76. Seitan Milanese z Panko i cytryną

**Wystarczy na 4 porcje**

- 2 szklanki panko
- $1/4$ szklanki posiekanej świeżej pietruszki
- $1/2$ łyżeczki soli
- $1/4$ łyżeczki świeżo zmielonego czarnego pieprzu
- 1 funt seitanu, domowego lub kupionego w sklepie, pokrojonego na plasterki o grubości $1/4$ cala
- 2 łyżki oliwy z oliwek
- 1 cytryna pokrojona w ćwiartki

Rozgrzej piekarnik do 250°F. W dużej misce wymieszaj panko, pietruszkę, sól i pieprz. Zwilż seitan odrobiną wody i obtocz go w mieszance panko.

Rozgrzej olej na dużej patelni na średnio-wysokim ogniu. Dodaj seitan i smaż, obracając raz, aż do uzyskania złotego koloru, w razie potrzeby dodając partiami. Przełóż ugotowany seitan na blachę do pieczenia i trzymaj w cieple w piekarniku, podczas gdy będziesz smażyć resztę. Podawaj natychmiast z cząstkami cytryny.

# 77. Seitan w panierce sezamowej

## Wystarczy na 4 porcje

- $^1/_3$ szklanki nasion sezamu
- $^1/_3$ szklanki mąki uniwersalnej
- $^1/_2$ łyżeczki soli
- $^1/_4$ łyżeczki świeżo zmielonego czarnego pieprzu
- $^1/_2$ szklanki zwykłego niesłodzonego mleka sojowego
- 1 funt seitanu, domowego lub kupionego w sklepie, pokrojonego na plasterki o grubości $^1/_4$ cala
- 2 łyżki oliwy z oliwek

Umieść nasiona sezamu na suchej patelni na średnim ogniu i praż do uzyskania jasnozłotego koloru, stale mieszając, przez 3 do 4 minut. Odstaw do ostygnięcia, a następnie zmiel je w robocie kuchennym lub młynku do przypraw.

Umieść zmielone nasiona sezamu w płytkiej misce, dodaj mąkę, sól i pieprz i dobrze wymieszaj. Umieść mleko sojowe w płytkiej misce. Zanurz seitan w mleku sojowym, a następnie obtocz go w mieszance sezamowej.

Rozgrzej olej na dużej patelni na średnim ogniu. Dodaj seitan, w razie potrzeby partiami, i smaż, aż będzie chrupiący i złocistobrązowy z obu stron, około 10 minut. Podawaj natychmiast.

# 78. Seitan z karczochami i oliwkami

**Wystarczy na 4 porcje**

- 2 łyżki oliwy z oliwek
- 1 funt seitanu, domowego lub kupionego w sklepie, pokrojonego na plasterki o grubości $^{1}/_{4}$ cala
- 2 ząbki czosnku, drobno posiekane
- 1 (14,5 uncji) puszka pokrojonych w kostkę pomidorów, odsączonych
- 1 $^{1}/_{2}$ szklanki konserwowanych lub mrożonych (gotowanych) serc karczochów, pokrojonych na plasterki o grubości $^{1}/_{4}$ cala
- 1 łyżka kaparów
- 2 łyżki posiekanej świeżej pietruszki
- Sól i świeżo zmielony czarny pieprz
- 1 szklanka tofu feta (opcjonalnie)

Rozgrzej piekarnik do 250°F. Na dużej patelni rozgrzej 1 łyżkę oleju na średnio-wysokim ogniu. Dodaj seitan i zrumień z obu stron, około 5 minut. Przenieś seitan na żaroodporny talerz i trzymaj w cieple w piekarniku.

Na tej samej patelni rozgrzej pozostałą 1 łyżkę oleju na średnim ogniu. Dodaj czosnek i smaż, aż będzie pachnący, około 30 sekund. Dodaj pomidory, serca karczochów, oliwki, kapary i pietruszkę. Dopraw solą i pieprzem do smaku i smaż, aż będzie gorący, około 5 minut. Odstaw.

Połóż seitan na półmisku, nałóż na wierzch mieszankę warzywną i posyp tofu fetą, jeśli używasz. Podawaj natychmiast.

# 79. Seitan z sosem ancho-chipotle

**Wystarczy na 4 porcje**

- 2 łyżki oliwy z oliwek
- 1 średnia cebula, posiekana
- 2 średnie marchewki, posiekane
- 2 ząbki czosnku, drobno posiekane
- 1 (28-uncjowa) puszka rozgniecionych, pieczonych na ogniu pomidorów
- $^1/_2$ szklanki bulionu warzywnego, domowego (patrz: Lekki bulion warzywny ) lub kupionego w sklepie
- 2 suszone papryczki ancho
- 1 suszona papryczka chipotle

- $^1/_2$ szklanki żółtej mąki kukurydzianej
- $^1/_2$ łyżeczki soli
- $^1/_4$ łyżeczki świeżo zmielonego czarnego pieprzu
- 1 funt seitanu, domowego lub kupionego w sklepie, pokrojonego na plasterki o grubości $^1/_4$ cala

W dużym rondlu rozgrzej 1 łyżkę oleju na średnim ogniu. Dodaj cebulę i marchewkę, przykryj i gotuj przez 7 minut. Dodaj czosnek i gotuj przez 1 minutę. Wymieszaj z pomidorami, bulionem oraz papryczkami ancho i chipotle. Gotuj bez przykrycia przez 45 minut, a następnie przelej sos do blendera i miksuj do uzyskania gładkiej konsystencji. Wróć do rondla i utrzymuj ciepło na bardzo małym ogniu.

W płytkiej misce wymieszaj mąkę kukurydzianą z solą i pieprzem. Obtocz seitan w mieszance mąki kukurydzianej, równomiernie ją pokrywając.

Na dużej patelni rozgrzej 2 pozostałe łyżki oleju na średnim ogniu. Dodaj seitan i smaż, aż zbrązowieje z obu stron, łącznie około 8 minut. Podawaj natychmiast z sosem chili.

## 80. Seitana Piccata

**Wystarczy na 4 porcje**

- 1 funt seitanu, domowego lub kupionego w sklepie, pokrojonego na plasterki o grubości $^1/_4$ cala Sól i świeżo zmielony czarny pieprz
- $^1/_2$ szklanki mąki uniwersalnej
- 2 łyżki oliwy z oliwek
- 1 średnia szalotka, posiekana
- 2 ząbki czosnku, drobno posiekane
- 2 łyżki kaparów
- $^1/_3$ szklanki białego wina
- $^1/_3$ szklanki bulionu warzywnego, domowego (patrz: Lekki bulion warzywny ) lub kupionego w sklepie
- 2 łyżki świeżego soku z cytryny
- 2 łyżki wegańskiej margaryny
- 2 łyżki posiekanej świeżej pietruszki

Rozgrzej piekarnik do 275°F. Dopraw seitan solą i pieprzem do smaku i obtocz w mące.

Na dużej patelni rozgrzej 2 łyżki oleju na średnim ogniu. Dodaj obtoczony seitan i smaż, aż lekko zbrązowieje z obu stron, około 10 minut. Przełóż seitan na żaroodporny talerz i trzymaj w cieple w piekarniku.

Na tej samej patelni rozgrzej pozostałą 1 łyżkę oleju na średnim ogniu. Dodaj szalotkę i czosnek, smaż przez 2 minuty, a następnie wmieszaj kapary, wino i bulion. Gotuj na wolnym ogniu przez minutę lub dwie, aby lekko zredukować, a następnie dodaj sok z cytryny, margarynę i pietruszkę, mieszając, aż margaryna połączy się z sosem. Polej sosem zrumieniony seitan i podawaj natychmiast.

# 81. Seitan z trzema ziarnami

## Wystarczy na 4 porcje

- $^1/_4$ szklanki niesolonych łuskanych nasion słonecznika
- $^1/_4$ szklanki niesolonych łuskanych pestek dyni (pepitas)
- $^1/_4$ szklanki nasion sezamu
- ¾ szklanki mąki uniwersalnej
- 1 łyżeczka mielonej kolendry
- 1 łyżeczka wędzonej papryki
- $^1/_2$ łyżeczki soli
- $^1/_4$ łyżeczki świeżo zmielonego czarnego pieprzu
- 1 funt seitanu, domowego lub kupionego w sklepie, pokrojonego na kawałki wielkości kęsa
- 2 łyżki oliwy z oliwek

W robocie kuchennym połącz nasiona słonecznika,
pestki dyni i nasiona sezamu i zmiel na proszek.
Przełóż do płytkiej miski, dodaj mąkę, kolendrę,
paprykę, sól i pieprz i wymieszaj, aby połączyć.

Zwilż kawałki seitanu wodą, a następnie obtocz je w
mieszance nasion, tak aby były nią całkowicie pokryte.

Rozgrzej olej na dużej patelni na średnim ogniu. Dodaj
seitan i smaż, aż lekko zbrązowieje i stanie się
chrupiący z obu stron. Podawaj natychmiast.

## 82. Fajitas bez granic

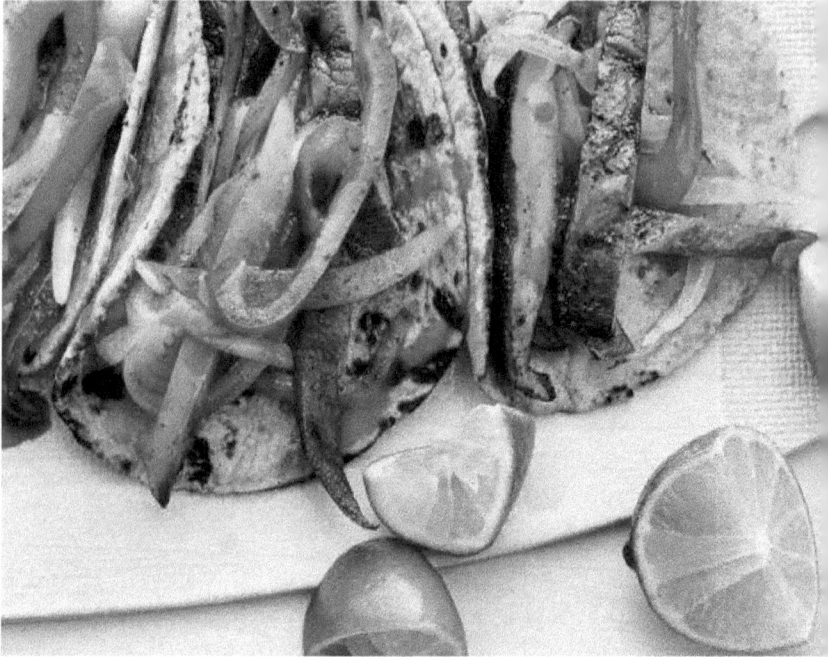

**Wystarczy na 4 porcje**

- 1 łyżka oliwy z oliwek
- 1 mała czerwona cebula, posiekana
- 10 uncji seitanu, domowego lub kupionego w sklepie, pokrojonego na paski o szerokości $^{1}/_{2}$ cala
- $^{1}/_{4}$ szklanki konserwowych ostrych lub łagodnych posiekanych zielonych papryczek chili
- Sól i świeżo zmielony czarny pieprz
- (10-calowe) miękkie tortille mączne
- 2 szklanki salsy pomidorowej, domowej roboty (patrz Świeża salsa pomidorowa ) lub kupionej w sklepie

Na dużej patelni rozgrzej olej na średnim ogniu. Dodaj cebulę, przykryj i smaż, aż zmięknie, około 7 minut. Dodaj seitan i smaż, bez przykrycia, przez 5 minut.

Dodaj słodkie ziemniaki, papryczki, oregano, sól i pieprz do smaku, mieszając, aby dobrze się wymieszały. Kontynuuj gotowanie, aż mieszanka będzie gorąca, a smaki dobrze się połączą, mieszając od czasu do czasu, około 7 minut.

Podgrzej tortille na suchej patelni. Umieść każdą tortillę w płytkiej misce. Nałóż łyżką mieszankę seitanu i słodkich ziemniaków na tortille, a następnie przykryj każdą około $1/3$ szklanki salsy. Posyp każdą miskę z 1 łyżką oliwek, jeśli używasz. Podawaj natychmiast, z resztą salsy podawaną osobno.

## 83. Seitan z pikantnym sosem z zielonego jabłka

**Wystarczy na 4 porcje**

- 2 jabłka odmiany Granny Smith, grubo posiekane
- $^1/_2$ szklanki drobno posiekanej czerwonej cebuli
- $^1/_2$ papryczki jalapeño, pozbawionej pestek i posiekanej
- 1 $^1/_2$ łyżeczki startego świeżego imbiru
- 2 łyżki świeżego soku z limonki
- 2 łyżeczki nektaru z agawy
- Sól i świeżo zmielony czarny pieprz
- 2 łyżki oliwy z oliwek
- 1 funt seitanu, domowego lub kupionego w sklepie, pokrojonego na plasterki o grubości $^1/_2$ cala

W średniej misce wymieszaj jabłka, cebulę, chili, imbir, sok z limonki, nektar z agawy oraz sól i pieprz do smaku. Odstaw.

Rozgrzej olej na patelni na średnim ogniu. Dodaj seitan i smaż, aż zbrązowieje z obu stron, przewracając raz, około 4 minuty z każdej strony. Dopraw solą i pieprzem do smaku. Dodaj sok jabłkowy i smaż przez minutę, aż się zredukuje. Podawaj natychmiast z relishem jabłkowym.

# 84. Smażony seitan z brokułami i shiitake

**Wystarczy na 4 porcje**

- 2 łyżki oleju rzepakowego lub z pestek winogron
- 10 uncji seitanu, domowego lub kupionego w sklepie, pokrojonego na plasterki o grubości $^1/_{4\ cala}$
- 3 ząbki czosnku, drobno posiekane
- 2 łyżeczki startego świeżego imbiru
- zielona cebula, posiekana
- 1 średni pęczek brokułów, pokrojony na różyczki o długości 2,5 cm
- 3 łyżki sosu sojowego
- 2 łyżki wytrawnego sherry
- 1 łyżeczka prażonego oleju sezamowego
- 1 łyżka prażonych nasion sezamu

Na dużej patelni rozgrzej 1 łyżkę oleju na średnio-wysokim ogniu. Dodaj seitan i smaż, mieszając od czasu do czasu, aż lekko zbrązowieje, około 3 minut. Przełóż seitan do miski i odstaw.

Na tej samej patelni rozgrzej pozostałą 1 łyżkę oleju na średnio-wysokim ogniu. Dodaj grzyby i smaż, często mieszając, aż się zrumienią, około 3 minut. Wymieszaj z czosnkiem, imbirem i zieloną cebulką i smaż jeszcze 30 sekund. Dodaj mieszankę grzybów do ugotowanego seitanu i odstaw.

Dodaj brokuły i wodę do tej samej patelni. Przykryj i gotuj, aż brokuły zaczną robić się jasnozielone, około 3 minut. Zdejmij pokrywkę i gotuj, często mieszając, aż płyn wyparuje, a brokuły będą chrupiąco-miękkie, około 3 minut dłużej.

Wróć do seitanu i mieszanki grzybów na patelnię. Dodaj sos sojowy i sherry i smaż, aż seitan i warzywa będą gorące, około 3 minut. Skrop olejem sezamowym i nasionami sezamu i podawaj natychmiast.

# 85. Szaszłyki z seitanu z brzoskwiniami

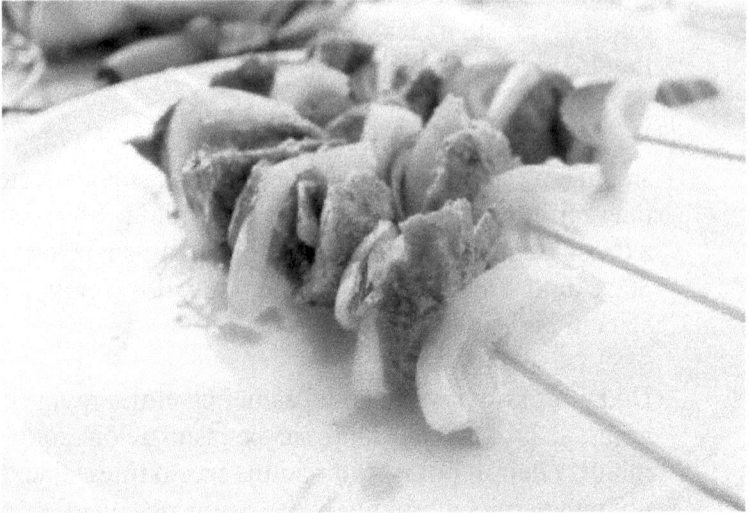

## Wystarczy na 4 porcje

- $^1/_3$ szklanki octu balsamicznego
- 2 łyżki wytrawnego czerwonego wina
- 2 łyżki jasnobrązowego cukru
- $^1/_4$ szklanki posiekanej świeżej bazylii
- $^1/_4$ szklanki posiekanego świeżego majeranku
- 2 łyżki posiekanego czosnku
- 2 łyżki oliwy z oliwek
- 1 funt seitanu, domowego lub kupionego w sklepie, pokrojonego na kawałki o wielkości 2,5 cm
- szalotki przekrojone wzdłuż na pół i blanszowane
- Sól i świeżo zmielony czarny pieprz
- 2 dojrzałe brzoskwinie, wydrążone i pokrojone na kawałki o wielkości 2,5 cm

Wymieszaj ocet, wino i cukier w małym rondelku i doprowadź do wrzenia. Zmniejsz ogień do średniego i gotuj na wolnym ogniu, mieszając, aż objętość zmniejszy się o połowę, około 15 minut. Zdejmij z ognia.

W dużej misce wymieszaj bazylię, majeranek, czosnek i oliwę z oliwek. Dodaj seitan, szalotki i brzoskwinie i wymieszaj. Dopraw solą i pieprzem do smaku

Rozgrzej grill. *Nadziej seitan, szalotki i brzoskwinie na patyki i posmaruj mieszanką balsamiczną.

Połóż szaszłyki na grillu i piecz, aż seitan i brzoskwinie będą grillowane, około 3 minuty z każdej strony. Posmaruj pozostałą mieszanką balsamiczną i podawaj natychmiast.

*Zamiast grillować, możesz umieścić te szaszłyki pod brojlerem. Grilluj 4 do 5 cali od ognia, aż będą gorące i lekko zrumienione na brzegach, około 10 minut, przewracając raz w połowie pieczenia.

## 86. Grillowane szaszłyki z seitanu i warzyw

**Wystarczy na 4 porcje**

- $1/3$ szklanki octu balsamicznego
- 2 łyżki oliwy z oliwek
- 1 łyżka świeżego, posiekanego oregano lub 1 łyżeczka suszonego
- 2 ząbki czosnku, drobno posiekane
- $1/2$ łyżeczki soli
- $1/4$ łyżeczki świeżo zmielonego czarnego pieprzu
- 1 funt seitanu, domowego lub kupionego w sklepie, pokrojonego w kostki o wymiarach 1 cala
- 7 uncji małych białych pieczarek, lekko opłukanych i osuszonych
- 2 małe cukinie pokrojone na kawałki o wymiarach 2,5 cm
- 1 średnia żółta papryka, pokrojona w kwadraty o wymiarach 2,5 cm
- dojrzałe pomidorki koktajlowe

W średniej misce wymieszaj ocet, olej, oregano, tymianek, czosnek, sól i czarny pieprz. Dodaj seitan, pieczarki, cukinię, paprykę i pomidory, obracając, aby pokryć. Marynuj w temperaturze pokojowej przez 30 minut, od czasu do czasu obracając. Odcedź seitan i warzywa, zachowując marynatę.

Rozgrzej grill. *Nadziej seitan, pieczarki i pomidory na szaszłyki.

Połóż szaszłyki na gorącym grillu i piecz, obracając szaszłyki raz w połowie grillowania, około 10 minut łącznie. Skrop niewielką ilością odłożonej marynaty i podawaj natychmiast.

*Zamiast grillować, możesz umieścić te szaszłyki pod brojlerem. Grilluj 4 do 5 cali od ognia, aż będą gorące i lekko zrumienione na brzegach, około 10 minut, przewracając raz w połowie grillowania.

## 87. Seitan w cieście

**Wystarczy na 4 porcje**

- 1 łyżka oliwy z oliwek
- 2 średnie szalotki, posiekane
- uncji białych pieczarek, posiekanych
- $^1/_4$ szklanki Madery
- 1 łyżka posiekanej świeżej pietruszki
- $^1/_2$ łyżeczki suszonego tymianku
- $^1/_2$ łyżeczki suszonego cząbru
- 2 szklanki drobno posiekanych suchych kostek chleba
- Sól i świeżo zmielony czarny pieprz
- 1 rozmrożony arkusz ciasta francuskiego
- ( $^1/_4$ -calowej grubości) plasterki seitanu o wymiarach około 3 X 4-calowe owale lub prostokąty, osuszone

Rozgrzej olej na dużej patelni na średnim ogniu. Dodaj
szalotki i smaż, aż zmiękną, około 3 minut. Dodaj
pieczarki i smaż, mieszając od czasu do czasu, aż
pieczarki zmiękną, około 5 minut. Dodaj madiera,
pietruszkę, tymianek i cząber i smaż, aż płyn prawie
wyparuje. Wymieszaj z kostkami chleba i dopraw solą i
pieprzem do smaku. Odstaw do ostygnięcia.

Połóż arkusz ciasta francuskiego na dużym kawałku
folii spożywczej na płaskiej powierzchni roboczej.
Przykryj drugim kawałkiem folii spożywczej i użyj
wałka do ciasta, aby lekko rozwałkować ciasto, aby je
wygładzić. Pokrój ciasto na ćwiartki. Umieść 1 plaster
seitana na środku każdego kawałka ciasta. Podziel farsz
między nimi, rozprowadzając go tak, aby przykrył
seitan. Przykryj każdy z nich pozostałymi plasterkami
seitana. Złóż ciasto, aby zamknąć nadzienie, zaciskając
brzegi palcami, aby je uszczelnić. Umieść paczuszki
ciasta, stroną ze szwem do dołu, na dużej,
nieposmarowanej blasze do pieczenia i wstaw do
lodówki na 30 minut. Rozgrzej piekarnik do 400°F.
Piecz, aż skorupa będzie złocistobrązowa, około 20
minut. Podawaj natychmiast.

## 88. Tort z seitanem i ziemniakami

### Wystarczy na 6 porcji

- 2 łyżki oliwy z oliwek
- 1 średnia żółta cebula, posiekana
- 4 szklanki posiekanego świeżego młodego szpinaku lub boćwiny
- 8 uncji seitanu, domowego lub kupionego w sklepie, drobno posiekanego
- 1 łyżeczka posiekanego świeżego majeranku
- $^1/_2$ łyżeczki zmielonych nasion kopru włoskiego
- $^1/_4$ do $^1/_2$ łyżeczki zmielonej czerwonej papryki
- Sól i świeżo zmielony czarny pieprz
- 2 funty ziemniaków Yukon Gold, obranych i pokrojonych na plasterki o grubości $^1/_4$ cala
- $^1/_2$ szklanki wegańskiego parmezanu lub Parmasio

Rozgrzej piekarnik do 200°C. Lekko natłuść 3-kwartową brytfannę lub formę do pieczenia o wymiarach 9 x 13 cali i odstaw.

Na dużej patelni rozgrzej 1 łyżkę oleju na średnim ogniu. Dodaj cebulę, przykryj i smaż, aż zmięknie, około 7 minut. Dodaj szpinak i smaż, bez przykrycia, aż zwiędnie, około 3 minut. Wymieszaj seitan, majeranek, nasiona kopru włoskiego i zmiażdżoną czerwoną paprykę i smaż, aż dobrze się połączą. Dopraw solą i pieprzem do smaku. Odstaw.

Rozłóż plasterki pomidorów na dnie przygotowanej patelni. Na wierzch połóż warstwę lekko zachodzących na siebie plasterków ziemniaków. Posmaruj warstwę ziemniaków odrobiną pozostałej 1 łyżki oleju i dopraw solą i pieprzem do smaku. Rozłóż około połowy mieszanki seitanu i szpinaku na ziemniakach. Na wierzchu ułóż kolejną warstwę ziemniaków, a następnie pozostałą mieszankę seitanu i szpinaku. Na wierzchu ułóż ostatnią warstwę ziemniaków, skrop pozostałą oliwą, solą i pieprzem do smaku. Posyp parmezanem. Przykryj i piecz, aż ziemniaki będą miękkie, od 45 minut do 1 godziny. Odkryj i piecz dalej, aż wierzch się zrumieni, od 10 do 15 minut. Podawaj natychmiast.

## 89. Rustykalny placek wiejski

**Wystarczy na 4–6 porcji**

- Ziemniaki Yukon Gold obrane i pokrojone w kostkę o wymiarach 2,5 cm
- 2 łyżki wegańskiej margaryny
- $1/_4$ szklanki zwykłego niesłodzonego mleka sojowego
- Sól i świeżo zmielony czarny pieprz
- 1 łyżka oliwy z oliwek
- 1 średnia żółta cebula, drobno posiekana

- 1 średnia marchewka, drobno posiekana
- 1 łodyga selera, drobno posiekana
- uncji seitanu, domowego lub kupionego w sklepie, drobno posiekanego
- 1 szklanka mrożonego groszku
- 1 szklanka mrożonych ziaren kukurydzy
- 1 łyżeczka suszonego cząbru
- $^1/_2$ łyżeczki suszonego tymianku

W rondlu z wrzącą, osoloną wodą gotuj ziemniaki, aż będą miękkie, przez 15 do 20 minut. Dobrze odcedź i włóż z powrotem do garnka. Dodaj margarynę, mleko sojowe oraz sól i pieprz do smaku. Grubo rozgnieć tłuczkiem do ziemniaków i odstaw. Rozgrzej piekarnik do 350°F.

Rozgrzej olej na średnim ogniu na dużej patelni. Dodaj cebulę, marchewkę i seler. Przykryj i gotuj, aż będą miękkie, około 10 minut. Przełóż warzywa do formy do pieczenia o wymiarach 9 x 13 cali. Wymieszaj seitan, sos grzybowy, groszek, kukurydzę, cząber i tymianek. Dopraw solą i pieprzem do smaku i równomiernie rozprowadź mieszankę na formie do pieczenia.

Na wierzch nałóż puree ziemniaczane, rozprowadzając je do brzegów formy do pieczenia. Piecz, aż ziemniaki się zrumienią, a nadzienie będzie bulgoczące, około 45 minut. Podawaj natychmiast.

## 90. Seitan ze szpinakiem i pomidorami

**Wystarczy na 4 porcje**

- 2 łyżki oliwy z oliwek
- 1 funt seitanu, domowego lub kupionego w sklepie, pokrojonego na paski o szerokości $^1/_4$ cala
- Sól i świeżo zmielony czarny pieprz
- 3 ząbki czosnku, drobno posiekane
- 4 szklanki świeżego młodego szpinaku
- suszone na słońcu pomidory w oleju, pokrojone w paski o grubości $^1/_4$ cala
- $^1/_2$ szklanki oliwek Kalamata bez pestek, przekrojonych na pół
- 1 łyżka kaparów
- $^1/_4$ łyżeczki zmielonej czerwonej papryki

Rozgrzej olej na dużej patelni na średnim ogniu. Dodaj seitan, dopraw solą i czarnym pieprzem do smaku i smaż, aż się zrumieni, około 5 minut z każdej strony.

Dodaj czosnek i smaż przez 1 minutę, aż zmięknie.
Dodaj szpinak i smaż, aż zwiędnie, około 3 minut.
Wymieszaj z pomidorami, oliwkami, kaparami i
zmiażdżoną czerwoną papryką. Dopraw solą i czarnym
pieprzem do smaku. Smaż, mieszając, aż smaki się
połączą, około 5 minut

Podawać natychmiast.

## 91. Seitan i zapiekane ziemniaki

**Wystarczy na 4 porcje**

- 2 łyżki oliwy z oliwek
- 1 mała żółta cebula, posiekana
- $^{1}/_{4}$ szklanki posiekanej zielonej papryki
- duże ziemniaki Yukon Gold, obrane i pokrojone na plasterki o grubości $^{1}/_{4}$ cala
- $^{1}/_{2}$ łyżeczki soli
- $^{1}/_{4}$ łyżeczki świeżo zmielonego czarnego pieprzu
- 10 uncji seitanu, domowego lub kupionego w sklepie, posiekanego
- $^{1}/_{2}$ szklanki zwykłego niesłodzonego mleka sojowego
- 1 łyżka wegańskiej margaryny
- 2 łyżki posiekanej świeżej pietruszki, jako dodatek

Rozgrzej piekarnik do 350°F. Lekko natłuść 10-calową kwadratową formę do pieczenia i odstaw.

Rozgrzej olej na patelni na średnim ogniu. Dodaj cebulę i paprykę i smaż, aż będą miękkie, około 7 minut. Odstaw.

W przygotowanej blasze do pieczenia ułóż połowę ziemniaków i posyp solą i czarnym pieprzem do smaku. Posyp ziemniaki mieszanką cebuli i papryki oraz posiekanym seitanem. Przykryj pozostałymi plasterkami ziemniaków i dopraw solą i czarnym pieprzem do smaku.

W średniej misce wymieszaj brązowy sos i mleko sojowe, aż dobrze się połączą. Wlej na ziemniaki. Posyp wierzchnią warstwę margaryną i szczelnie przykryj folią. Piecz przez 1 godzinę. Zdejmij folię i piecz przez kolejne 20 minut lub do momentu, aż wierzch będzie złocistobrązowy. Podawaj natychmiast posypane pietruszką.

## 92. Koreański makaron smażony

**Wystarczy na 4 porcje**

- 8 uncji makaronu dang myun lub fasolowego
- 2 łyżki oleju sezamowego prażonego
- 1 łyżka cukru
- $1/4$ łyżeczki soli
- $1/4$ łyżeczki mielonego pieprzu cayenne
- 2 łyżki oleju rzepakowego lub z pestek winogron
- 8 uncji seitanu, domowego lub kupionego w sklepie, pokrojonego na paski o szerokości $1/4$ cala
- 1 średnia cebula, przekrojona wzdłuż na pół i pokrojona w cienkie plasterki
- 1 średnia marchewka pokrojona w cienkie słupki
- 6 uncji świeżych grzybów shiitake, pozbawionych łodyg i pokrojonych w cienkie plasterki
- 3 szklanki drobno pokrojonej kapusty pak choi lub innej azjatyckiej kapusty

- 3 zielone cebulki, posiekane
- 3 ząbki czosnku, drobno posiekane
- 1 szklanka kiełków fasoli
- 2 łyżki nasion sezamu do dekoracji

Namocz makaron w gorącej wodzie przez 15 minut. Odcedź i opłucz zimną wodą. Odstaw.

W małej misce wymieszaj sos sojowy, olej sezamowy, cukier, sól i pieprz cayenne, a następnie odstaw.

Na dużej patelni rozgrzej 1 łyżkę oleju na średnio-wysokim ogniu. Dodaj seitan i smaż, aż się zrumieni, około 2 minuty. Wyjmij z patelni i odstaw.

Dodaj pozostałą 1 łyżkę oleju rzepakowego do tej samej patelni i rozgrzej na średnio-wysokim ogniu. Dodaj cebulę i marchewkę i smaż, aż zmiękną, około 3 minut. Dodaj pieczarki, bok choy, zieloną cebulę i czosnek i smaż, aż zmiękną, około 3 minut.

Dodaj kiełki fasoli i smaż przez 30 sekund, następnie dodaj ugotowany makaron, zrumieniony seitan i mieszankę sosu sojowego i wymieszaj, aby pokryć. Kontynuuj gotowanie, mieszając od czasu do czasu, aż składniki będą gorące i dobrze wymieszane, 3 do 5 minut. Przełóż na duże naczynie do serwowania, posyp nasionami sezamu i podawaj natychmiast.

## 93. Chili z czerwonej fasoli z przyprawą jerk

**Wystarczy na 4 porcje**

- 1 łyżka oliwy z oliwek
- 1 średnia cebula, posiekana
- 10 uncji seitanu, domowego lub kupionego w sklepie, posiekanego
- 3 szklanki ugotowanej lub 2 (15,5-uncjowe) puszki ciemnoczerwonej fasoli, odsączonej i wypłukanej
- (14,5 uncji) puszka pomidorów w puszce
- (14,5 uncji) puszka pokrojonych w kostkę pomidorów, odsączonych
- (4 uncje) puszka posiekanych, łagodnych lub ostrych zielonych papryczek chili, odsączonych
- $^1/_2$ szklanki sosu barbecue, domowego lub kupionego w sklepie
- 1 szklanka wody
- 1 łyżka sosu sojowego

- 1 łyżka chili w proszku
- 1 łyżeczka mielonego kminu
- 1 łyżeczka mielonego ziela angielskiego
- 1 łyżeczka cukru
- $^1/_2$ łyżeczki mielonego oregano
- $^1/_4$ łyżeczki mielonego pieprzu cayenne
- $^1/_2$ łyżeczki soli
- $^1/_4$ łyżeczki świeżo zmielonego czarnego pieprzu

W dużym garnku rozgrzej olej na średnim ogniu. Dodaj cebulę i seitan. Przykryj i gotuj, aż cebula zmięknie, około 10 minut.

Wymieszaj fasolę, rozgniecione pomidory, pokrojone w kostkę pomidory i papryczki chili. Wymieszaj sos barbecue, wodę, sos sojowy, proszek chili, kmin, ziele angielskie, cukier, oregano, pieprz cayenne, sól i czarny pieprz.

Doprowadź do wrzenia, następnie zmniejsz ogień do średniego i gotuj pod przykryciem, aż warzywa będą miękkie, około 45 minut. Zdejmij pokrywkę i gotuj jeszcze około 10 minut. Podawaj natychmiast.

## 94. Gulasz jesienny

**Wystarczy na 4–6 porcji**

- 2 łyżki oliwy z oliwek
- 10 uncji seitanu, domowego lub kupionego w sklepie, pokrojonego w kostki o wymiarach 2,5 cm
- Sól i świeżo zmielony czarny pieprz
- 1 duża żółta cebula, posiekana
- 2 ząbki czosnku, drobno posiekane
- 1 duży ziemniak, obrany i pokrojony w kostkę o wymiarach $^1/_2$ cala
- 1 średni pasternak pokrojony w kostkę o wymiarach $^1/_4$ cala
- 1 mała dynia, obrana, przekrojona na pół, pozbawiona pestek i pokrojona w kostkę o wymiarach $^1/_2$ cala
- 1 mała główka kapusty włoskiej, posiekana
- 1 (14,5 uncji) puszka pokrojonych w kostkę pomidorów, odsączonych

- 1 $^1/_2$ szklanki ugotowanej lub 1 (15,5 uncji) puszka ciecierzycy, odsączona i wypłukana
- 2 szklanki bulionu warzywnego, domowego (patrz: Lekki bulion warzywny ) lub kupionego w sklepie, albo wody
- $^1/_2$ łyżeczki suszonego majeranku
- $^1/_2$ łyżeczki suszonego tymianku
- $^1/_2$ szklanki pokruszonego makaronu typu angel hair

Na dużej patelni rozgrzej 1 łyżkę oleju na średnio-wysokim ogniu. Dodaj seitan i smaż, aż zrumieni się ze wszystkich stron, około 5 minut. Dopraw solą i pieprzem do smaku i odstaw.

W dużym rondlu rozgrzej pozostałą 1 łyżkę oleju na średnim ogniu. Dodaj cebulę i czosnek. Przykryj i gotuj, aż zmiękną, około 5 minut. Dodaj ziemniaki, marchewkę, pasternak i dynię. Przykryj i gotuj, aż zmiękną, około 10 minut.

Dodaj kapustę, pomidory, ciecierzycę, bulion, wino, majeranek, tymianek oraz sól i pieprz do smaku. Doprowadź do wrzenia, a następnie zmniejsz ogień do niskiego. Przykryj i gotuj, mieszając od czasu do czasu, aż warzywa będą miękkie, około 45 minut. Dodaj ugotowany seitan i makaron i gotuj na wolnym ogniu, aż makaron będzie miękki, a smaki się połączą, około 10 minut dłużej. Podawaj natychmiast.

## 95. Włoski ryż z seitanem

## Wystarczy na 4 porcje

- 2 szklanki wody
- 1 szklanka brązowego lub białego ryżu długoziarnistego
- 2 łyżki oliwy z oliwek
- 1 średnia żółta cebula, posiekana
- 2 ząbki czosnku, drobno posiekane
- 10 uncji seitanu, domowego lub kupionego w sklepie, posiekanego
- 4 uncje białych pieczarek, posiekanych
- 1 łyżeczka suszonej bazylii
- $^1/_2$ łyżeczki zmielonych nasion kopru włoskiego
- $^1/_4$ łyżeczki zmielonej czerwonej papryki
- Sól i świeżo zmielony czarny pieprz

W dużym rondlu zagotuj wodę na dużym ogniu. Dodaj ryż, zmniejsz ogień do małego, przykryj i gotuj do miękkości, około 30 minut.

Rozgrzej olej na dużej patelni na średnim ogniu. Dodaj cebulę, przykryj i smaż, aż zmięknie, około 5 minut. Dodaj seitan i smaż bez przykrycia, aż się zrumieni. Dodaj grzyby i smaż, aż zmiękną, około 5 minut dłużej. Dodaj bazylię, koper włoski, zmiażdżoną czerwoną paprykę oraz sól i czarny pieprz do smaku.

Przenieś ugotowany ryż do dużej miski. Dodaj mieszankę seitanu i dokładnie wymieszaj. Dodaj sporą ilość czarnego pieprzu i podawaj natychmiast.

## 96. Hasz z dwóch ziemniaków

**Wystarczy na 4 porcje**

- 2 łyżki oliwy z oliwek
- 1 średnia czerwona cebula, posiekana
- 1 średnia czerwona lub żółta papryka, posiekana
- 1 ugotowany średni ziemniak, obrany i pokrojony w kostkę o wymiarach ½ cala
- 1 ugotowany średni słodki ziemniak, obrany i pokrojony w kostkę o wymiarach ½ cala
- 2 szklanki posiekanego seitanu, domowego
- Sól i świeżo zmielony czarny pieprz

Rozgrzej olej na dużej patelni na średnim ogniu.
Dodaj cebulę i paprykę. Przykryj i gotuj, aż
zmiękną, około 7 minut.

Dodaj białego ziemniaka, słodkiego ziemniaka i
seitana i dopraw solą i pieprzem do smaku.
Gotuj bez przykrycia, aż lekko zbrązowieją,
często mieszając, około 10 minut. Podawaj na
gorąco.

## 97. Enchiladas z kwaśną śmietaną i seitanem

PORCJA DLA 8 OSÓB

SKŁADNIKI

Seitana

- 1 szklanka mąki z glutenem pszennym
- 1/4 szklanki mąki z ciecierzycy
- 1/4 szklanki drożdży odżywczych
- 1 łyżeczka proszku cebulowego
- 1/2 łyżeczki czosnku w proszku
- 1 1/2 łyżeczki proszku bulionu warzywnego
- 1/2 szklanki wody
- 2 łyżki świeżo wyciśniętego soku z cytryny
- 2 łyżki sosu sojowego
- 2 szklanki bulionu warzywnego

Sos śmietanowy

- 2 łyżki wegańskiej margaryny

- 2 łyżki mąki
- 1 1/2 szklanki bulionu warzywnego
- 2 (8 uncji) kartony wegańskiej śmietany
- 1 szklanka salsy verde (salsy pomidorowej)
- 1/2 łyżeczki soli
- 1/2 łyżeczki mielonego białego pieprzu
- 1/4 szklanki posiekanej kolendry

Enchilady
- 2 łyżki oliwy z oliwek
- 1/2 średniej cebuli pokrojonej w kostkę
- 2 ząbki czosnku, drobno posiekane
- 2 papryczki serrano, posiekane (patrz wskazówka)
- 1/4 szklanki koncentratu pomidorowego
- 1/4 szklanki wody
- 1 łyżka kminku
- 2 łyżki proszku chili
- 1 łyżeczka soli
- 15-20 tortilli kukurydzianych
- 1 opakowanie (8 uncji) sera Daiya Cheddar Style Shreds
- 1/2 szklanki posiekanej kolendry

METODA

a) Przygotuj seitan. Rozgrzej piekarnik do 325 stopni Fahrenheita. Lekko natłuść przykrytą naczynie żaroodporne sprayem zapobiegającym przywieraniu. Wymieszaj mąkę, drożdże odżywcze, przyprawy i proszek bulionu warzywnego w dużej misce. Wymieszaj wodę, sok z cytryny i sos sojowy w małej misce. Dodaj mokre składniki do suchych i mieszaj, aż powstanie ciasto. W razie potrzeby dostosuj ilość wody lub glutenu (patrz wskazówka). Zagniataj ciasto przez 5 minut, a następnie uformuj bochenek. Umieść seitan w naczyniu żaroodpornym i przykryj 2 szklankami bulionu warzywnego. Przykryj i gotuj przez 40 minut. Odwróć bochenek, a następnie przykryj i gotuj przez kolejne 40 minut. Wyjmij seitan z naczynia i odstaw, aż ostygnie na tyle, aby można go było wziąć do ręki.

b) Wbij widelec w górę bochenka seitanu i przytrzymaj go jedną ręką. Użyj drugiego widelca, aby rozdrobnić bochenek na małe kawałki i rozkruszyć.

c) Przygotuj sos śmietanowy. Rozpuść margarynę w dużym garnku na średnim ogniu. Wymieszaj mąkę trzepaczką i gotuj przez 1 minutę. Powoli wlewaj bulion warzywny, cały czas mieszając, aż do uzyskania gładkiej konsystencji. Gotuj przez 5 minut, nadal mieszając, aż sos zgęstnieje. Wymieszaj śmietanę i salsę verde, a następnie dodaj pozostałe składniki sosu. Nie dopuść do wrzenia, ale gotuj, aż sos będzie ciepły. Zdejmij z ognia i odstaw.

d) Przygotuj enchiladas. Rozgrzej oliwę z oliwek w dużej patelni na średnim ogniu. Dodaj cebulę i smaż przez 5 minut lub do momentu, aż stanie się przezroczysta. Dodaj czosnek i papryczki serrano i smaż przez kolejną minutę. Wymieszaj z poszatkowanym seitanem, koncentratem pomidorowym, kuminem, chili w proszku i solą. Gotuj przez 2 minuty, a następnie zdejmij z ognia.

e) Rozgrzej piekarnik do 350 stopni Fahrenheita. Podgrzej tortille na patelni lub w kuchence mikrofalowej i przykryj ściereczką kuchenną. Rozprowadź 1 szklankę sosu śmietanowego na dnie 5-kwartowego naczynia do pieczenia. Umieść skąpe 1/4 szklanki poszatkowanej mieszanki seitanu i 1 łyżkę Daiya na tortilli. Zwiń i umieść w naczyniu do pieczenia szwem do dołu. Powtórz z pozostałymi tortillami. Pokryj enchiladas pozostałym sosem śmietanowym, a następnie posyp Daiya.

f) Piecz enchiladas przez 25 minut lub do momentu, aż zaczną bulgotać i lekko się zrumienią. Odstaw do ostygnięcia na 10 minut. Posyp 1/2 szklanki posiekanej kolendry i podawaj.

## 98. Wegańska pieczona faszerowana seitan

Składniki

Do seitanu:

- 4 duże ząbki czosnku
- 350 ml zimnego bulionu warzywnego
- 2 łyżki oleju słonecznikowego
- 1 łyżeczka Marmite opcjonalnie

- 280 g glutenu pszennego witalnego
- 3 łyżki płatków drożdżowych odżywczych
- 2 łyżeczki słodkiej papryki
- 2 łyżeczki bulionu warzywnego w proszku
- 1 łyżeczka świeżych igieł rozmarynu
- ½ łyżeczki czarnego pieprzu

Plus:

- 500 g Wegańskiego farszu z czerwonej kapusty i grzybów
- 300 g Pikantnego purée z dyni
- Metryczny – zwyczajowy amerykański

Instrukcje

a) Rozgrzej piekarnik do 180°C (350°F/poziom gazu 4).

b) W dużej misce wymieszaj razem gluten pszenny, drożdże odżywcze, bulion w proszku, paprykę, rozmaryn i czarny pieprz.

c) Używając blendera (stołowego lub ręcznego), zmiksuj czosnek, bulion, oliwę i Marmite, a następnie dodaj do suchych składników.

d) Dokładnie wymieszaj, aż wszystkie składniki się połączą, a następnie ugniataj przez pięć minut. (uwaga 1)

e) Na dużym kawałku silikonowego papieru do pieczenia rozwałkuj seitan na kształt mniej więcej prostokąta, aż będzie miał grubość około 1,5 cm (½ cala).

f) Posmaruj obficie puree z dyni, a następnie nałóż warstwę farszu z kapusty i grzybów.

g) Używając papieru do pieczenia i zaczynając od jednego z krótszych końców, ostrożnie zwiń seitan w kształt kłody. Staraj się nie rozciągać seitana podczas tego. Złóż końce seitana razem, aby je uszczelnić.

215

h) Owiń kłodę szczelnie folią aluminiową. Jeśli twoja folia jest cienka, użyj dwóch lub trzech warstw.

i) (Owijam je jak gigantyczne toffi i mocno skręcam końce folii, żeby się nie rozwiązało!)

j) Połóż seitan bezpośrednio na ruszcie w środkowej części piekarnika i piecz przez dwie godziny, przewracając go co 30 minut, aby zapewnić równomierne upieczenie i zrumienienie.

k) Po upieczeniu odstaw pieczeń z seitanu na 20 minut w opakowaniu, zanim ją pokroisz.

l) Podawać z tradycyjnymi pieczonymi warzywami, przygotowanym wcześniej sosem grzybowym i innymi dodatkami, na które masz ochotę.

# 100. Kanapka z seitanem po kubańsku

Składniki

- Seitan prażony w sosie Mojo:
- 3/4 szklanki świeżego soku pomarańczowego
- 3 łyżki świeżego soku z limonki
- 3 łyżki oliwy z oliwek
- 4 ząbki czosnku, drobno posiekane
- 1 łyżeczka suszonego oregano
- 1/2 łyżeczki mielonego kminu
- 1/2 łyżeczki soli
- 1/2 funta seitanu pokrojonego na plasterki o grubości 1/4 cala

Do montażu:

- 4 (6-8-calowe) wegańskie bułki do kanapek typu submarine lub 1 miękki wegański bochenek włoski, pokrojony w poprzek na 4 kawałki

- Masło wegańskie w temperaturze pokojowej lub oliwa z oliwek
- Musztarda żółta
- 1 szklanka plastrów ogórków kiszonych z chlebem i masłem 8 plastrów kupionej w sklepie wegańskiej szynki
- 8 plastrów łagodnego w smaku wegańskiego sera (najlepiej o smaku amerykańskiego lub żółtego sera)

Wskazówki

a) Przygotuj seitan: Rozgrzej piekarnik do 375°F. Ubij wszystkie składniki mojo z wyjątkiem seitanu w ceramicznej lub szklanej blasze do pieczenia o wymiarach 7 x 11 cali. Dodaj paski seitanu i wymieszaj, aby pokryć je marynatą. Piecz przez 10 minut, a następnie przewróć plastry raz, aż brzegi lekko się zrumienią, a soczysta marynata pozostanie (nie piecz za długo!). Wyjmij z piekarnika i odstaw do ostygnięcia.

b) Złóż kanapki: Pokrój każdą bułkę lub kromkę chleba na pół w poziomie i hojnie posmaruj obie połówki masłem lub posmaruj oliwą z oliwek. Na dolnej połowie każdej bułki rozsmaruj grubą warstwę musztardy, kilka plasterków ogórka, dwa plasterki szynki i jedną czwartą plasterków seitanu, a następnie przykryj dwoma plasterkami sera.

c) Nałóż odrobinę pozostałej marynaty na przeciętą stronę drugiej połowy bułki, a następnie połóż ją na dolnej połowie kanapki. Posmaruj zewnętrzne strony kanapki odrobiną oliwy z oliwek lub posmaruj masłem.

d) Rozgrzej żeliwną patelnię o średnicy 10–12 cali na średnim ogniu. Ostrożnie przenieś dwie kanapki na patelnię, a następnie przykryj czymś ciężkim i odpornym na ciepło, np. inną żeliwną patelnią lub cegłą pokrytą kilkoma warstwami wytrzymałej folii aluminiowej. Grilluj kanapkę przez 3–4 minuty, uważnie obserwując, aby zapobiec przypaleniu chleba; w razie potrzeby zmniejsz nieco ogień, gdy kanapka się piecze.

e) Gdy chleb wygląda na zrumieniony, wyjmij patelnię/cegłę i użyj szerokiej szpatułki, aby ostrożnie obrócić każdą kanapkę. Ponownie dociśnij ciężarem i piecz przez kolejne 3 minuty lub dłużej, aż ser będzie gorący i roztopiony.

f) Zdejmij ciężar, przenieś każdą kanapkę na deskę do krojenia i pokrój ją po przekątnej ząbkowanym nożem. Podawaj ho

# WNIOSEK

Tempeh oferuje mocniejszy orzechowy smak i jest bardziej gęsty i zawiera więcej błonnika i białka. Seitan jest bardziej podstępny niż tempeh, ponieważ często może uchodzić za mięso ze względu na swój wytrawny smak. Jako bonus, ma również więcej białka i mniej węglowodanów.

Seitan jest najmniej roślinnym białkiem, które wymaga najmniejszej ilości przygotowania. Zazwyczaj możesz zastąpić seitanem mięso w przepisach, stosując zamiennik 1:1 i w przeciwieństwie do mięsa, nie musisz podgrzewać przed spożyciem. Jednym z najlepszych sposobów wykorzystania go jest posypanie nim sosu do makaronu.

Jeśli chodzi o tempeh, ważne jest, aby dobrze go zamarynować. Opcje marynaty mogą obejmować sos sojowy, sok z limonki lub cytryny, mleko kokosowe, masło orzechowe, syrop klonowy, imbir lub przyprawy. Jeśli nie masz godzin na zamarynowanie tempeh, możesz go ugotować na parze z wodą, aby zmiękczyć i uczynić bardziej porowatym.